学习之道

美国公认经典学习书
THE ART OF
LEARNING

[美]
乔希·维茨金 Josh Waitzkin

中国青年出版社
CHINA YOUTH PRESS

图书在版编目（CIP）数据

学习之道 /（美）乔希·维茨金著；苏鸿雁，谢京秀译. — 2版.
—北京：中国青年出版社，2016.6
书名原文：The Art of Learning
ISBN 978-7-5153-4264-1

Ⅰ.①… Ⅱ.①乔… ②苏… ③谢… Ⅲ.学习方法 Ⅳ.G442

中国版本图书馆CIP数据核字（2016）第142042号

The Art of Learning : A Journey in the Pursuit of Excellence
Copyright © 2007 by Josh Waitzkin LLC
Published by FREE PRESS.
Chinese translation copyright © 2007 by China Youth Press
All Rights Reserved.

学习之道

作　　者：[美]乔希·维茨金
译　　者：苏鸿雁　谢京秀
责任编辑：周　红　于　典
美术编辑：李　甦
出　　版：中国青年出版社
发　　行：北京中青文化传媒有限公司
电　　话：010-65511272 / 65516873
公司网址：www.cyb.com.cn
购书网址：zqwts.tmall.com
印　　刷：大厂回族自治县益利印刷有限公司
版　　次：2008年1月第1版
　　　　　2016年6月第2版
印　　次：2025年1月第24次印刷
开　　本：787mm×1092mm　　1/16
字　　数：170千字
印　　张：14
京权图字：01-2014-3983
书　　号：ISBN 978-7-5153-4264-1
定　　价：39.00元

版权声明

未经出版人事先书面许可，对本出版物的任何部分不得以任何方式或途径复制或传播，包括但不限于复印、录制、录音，或通过任何数据库、在线信息、数字化产品或可检索的系统。

中青版图书，版权所有，盗版必究

CONTENTS 目录

005 寄读者　愿我们都成为会学习的人

007 引　言　我所擅长的是学习之道

015 第1部分　初悟学习

　　第一章　平衡天性与方法 / 016

　　第二章　用练习战胜失败 / 025

　　第三章　渐进理论 / 036

　　第四章　走出舒适区 / 045

　　第五章　软区域 / 053

　　第六章　旋涡效应 / 061

　　第七章　面对本能反应 / 068

　　第八章　用战术意识改造理想主义 / 077

085 第2部分　进军新领域

　　第九章　初学者思维 / 086

　　第十章　寻找更强大的对手 / 094

　　第十一章　划小圈 / 103

　　第十二章　利用逆境 / 111

　　第十三章　让时间慢下来 / 119

第十四章　破解心理战术　/ 130

143 / 第3部分　万物合一

第十五章　自在从容的力量　/ 144

第十六章　释放压力　/ 150

第十七章　激发最佳状态　/ 160

第十八章　接纳情绪，化为力量　/ 171

第十九章　学习之道　/ 185

第二十章　登上学习巅峰　/ 197

寄读者

愿我们都成为会学习的人

在中国台湾的那次世界冠军赛上,我几近疯狂,直至两年后的今天,我仍沉浸在这次的经历中。这是我生平第一次如此深入地审视我自己,甚至是第一次尝试审视自己。这个过程令人很是兴奋,同时也感觉有点怪异。我重新认识了自我,看到了自己的另外一面,自己从未发觉的另外一面。为了生存,为了取胜,我成了一名角斗士,彻头彻尾,简单纯粹。我并没有意识到这一角色早已在我的心中生根发芽,呼之欲出。也许,他的出现已是不可避免。

而我这全新的一面,与我一直熟识的那个乔希,那个曾经害怕黑暗的孩子,那个象棋手,那个狂热于雨水、反复诵读杰克·克鲁亚克作品的年轻人之间,又有什么样的联系呢?这些都是我正在努力弄清楚的问题。

自中国台湾赛事之后,我急切非常,一心想要回到训练中去,摆脱自己已经达到巅峰的想法。在过去的两年中，我已经重新开始。这是一个新的起点。前方的路还很长，有待进一步的探索。

这本书的创作耗费了相当多的时间和精力。在成长的过程中，我在我的小房间里从未想过等待我的会是这样的战斗。在创作中，我的思想逐渐成熟；爱恋从分崩离析，到失而复得，世界冠军头衔从失之交臂，到囊中取物。如果说在我人生的第一个二十九年中，我学到了什么，那就是，我们永远无法预测结局，无论是重要的比赛、冒险，还是轰轰烈烈的爱情。我们唯一可以肯定的只有，出乎意料。不管我们做了多么万全的准备，在生活的真实场景中，我们总是会处于陌生的境地。我们也许会无法冷静，失去理智，感觉似乎整个世界都在针对我们。在这个时候，我们所要做的是要付出加倍的努力，要表现得比预想得更好。我认为，关键在于准备好随机应变，准备好在所能想象的高压下发挥出创造力。

读者朋友们，我非常希望你们在读过这本书后，可以得到启发，甚至会得到触动，从而能够根据各自的天赋与特长，去实现自己的梦想。这就是我写作此书的目的。我在字里行间所传达的理念曾经使我受益匪浅，我很希望它们可以为大家提供一个基本的框架和方向。如果我的方法言之有理，那么就请接受它，琢磨它，并加之自己的见解。忘记我的那些数字。真正的掌握需要通过自己发现一些最能够引起共鸣的信息，并将其彻底地融合进来，直至成为一体，这样我们才能随心所欲地驾驭它。

引言
INTRODUCTION

我所擅长的是学习之道

中华杯太极拳国际锦标赛决赛

中国台湾台北新庄体育馆

2004年12月5日

第二回合开始前40秒，我躺在地板上大口喘着气，满身伤痛。我下意识地做了个深呼吸，让自己打起精神。明天我的肩膀肯定抬不起来了，要想康复至少也得一年的时间，但此时此刻，它却生机勃勃，活力四射，我感觉到四周的空气充满了节奏感，整个体育场充斥着震耳欲聋的汉语叫喊声，这肯定不是在为我鼓劲。我的队友们跪在我身边，焦灼不安地看着我。他们不停地揉着我的胳膊、肩膀和腿部。铃响了。我从观众席上听到了爸爸的声音："加油乔希！"我挣扎着站了起来，而我的对手已冲到了赛场中央。他大叫着，用力捶打着自己的胸膛。他的粉丝的热情也瞬间点燃，大叫着："水牛！"他比我高，比我壮，动如脱兔，但我能够制服他——只要我能稳稳走到赛场中央。我恨不得一步一个脚印，牢牢地站稳。我们的手腕相碰，铃响了，他像一辆卡车一样对我发起了进攻。

这一切绝对是超乎想象，因为仅仅数年前我还在全球各地参加种种精英棋手赛事。从8岁开始，我就一直是全美同龄人中级别最高的棋手，我的生活中除了比赛就是训练，旨在让我由一个巅峰迈向下一个巅峰。15~18岁间，由于电影《王者之旅》（Searching for Bobby Fischer，又译《天生小棋王》）的发行，我成了美国媒体竞相追逐的对象，该片以我父亲写的书为剧本，描述的是我早年的棋手生涯。我作为"美国伟大的年轻棋手"而家喻户晓，大家告诉我，我应该向着鲍比·菲舍尔、盖利·卡斯帕罗夫这样的大师级人物进军，努力成为世界冠军。

但这其中也有问题。电影放映后，我的麻烦也就来了，每参加一个比赛就会有成群的粉丝前来索要签名。我根本无法静下心来认真研究棋路，反而被"名人"的光环笼罩着，让我烦扰不堪。从孩童时代起，我就非常喜欢象棋，从初级到中级再到高级，循序渐进。我能在棋盘旁边一坐就是几个小时。象棋总能让我心情大好，神经放松。象棋让我全神贯注，它就像是我的朋友，但突然有一天，它变得如此陌生，让我心神不安。

我回想起在拉斯维加斯的一场比赛：作为一名年轻的"国际大师"，我面对着业内1000名竞争对手，其中包括全球26位实力强劲的"国际特级大师"。作为一位正在起步的棋手，我对身边这些大师们心怀崇敬。我曾花了几百个小时苦心钻研他们的杰作，并为他们精湛的技艺所震惊。第一轮比赛开始前，我在棋盘前坐下，思索着开场的准备工作，而此时，广播播报了电影《王者之旅》的主人公就在现场。赛事导演把该片的海报放在我的桌旁，于是马上有一大群粉丝蜂拥而上，冲到了警戒线周围。比赛进行过程中，每当我站起来理清思路时，就会有女生给我递电话号码，并请求我在她们肚皮或腿上签名。

这对于一个17岁的男孩来说就像是一场梦，当然，我不否认我很享受这种备受关注的感觉，但从职业角度说，这就像是一场噩梦。比赛开始对我不利，我发现自己在想的是应该怎样去思考，而非全心投入比赛。那些"国际特级大师"们，我的长辈们都被冷落了，并对我怒目而视，其中有些人根本瞧不起我。此前我曾得了8次全国冠军，无论是人气还是知名度都高得超乎想象，但这些对于我的成功之旅毫无帮助可言，更不用说什么幸福了。

年纪轻轻我就逐渐意识到，名气是虚无飘渺的东西。我一直致力于自身技艺的发展，已经习惯了长时间高强度思考后辛苦换来成就与满足感。这种平静的感觉与外界的称赞毫不相关，我渴望回到那个天真无邪、有着无限创造力的阶段。我怀念那段刚刚开始学象棋时的生活，但现在，我根本摆脱不了媒体的追踪。我发现自己对象棋都有点发怵了，动身参加比赛前心情很低落。下象棋时我难以充满激情，并频频受邀于各种电视节目，还要强装微笑。

18岁时，我无意中读到一本书，名叫《道德经》，从此我的生活也发生了转折。书中的智慧令我感动不已，此后，我开始研究起其他的佛教、道教经典了。我意识到这样一点：成为他人眼中的巅峰人物与生活质量之间毫无关系，我所追求的是内心的宁静。

1998年10月5日，我走进了位于曼哈顿市区的威廉姆·C. C. 陈的太极拳工作室，那里的男男女女们沉浸于一组组具有舞蹈美感的动作中，他们那种平和的状态深深打动了我。过去我总是与那些好强的棋手打交道，要想赢得大的赛事就必须不断探索、打破自身的狭隘，而现在，一切却以身体的意识为中心,仿佛有意以这种奇怪的方式缓慢做着运动就会带来内在的愉悦。

我参加了太极课程,几周后,我开始自己在家里连着几个小时练习打坐。鉴于我的象棋生涯的复杂特质,太极让我觉得自己作为一个起步者能在一个新的环境中学习,而且对这项运动有着很特别的感觉。沿着这些古老的步伐运动着,我发现自己的身体也随之搏动,充满着生机与活力,仿佛进入一种和谐状态。

我的老师,全球知名的特级大师威廉姆·C.C.陈,用了几个月时间教授初级课程,耐心地纠正我的动作。教室里有15名新生,陈会从20英尺外的地方注视着我,静静地给我示范各种姿势。我照着他这些细心的指导去做,突然,我的手一下子来了劲,充满了能量,仿佛他把我接到了一股电流上,让我感到镇静与放松。他对身体机制的洞察力魔力十足,但同样让人印象深刻的还有他的谦卑。作为一位被很多人看成是目前全球最伟大的太极大师,他耐心指导新入门的学生,对新生和高级班的学生一视同仁,关爱有加。

我学得很快,并对正在经历的成长过程着了迷。从12岁起,我就一直写周记,记下自己的象棋学习心得,不断观察自己的心理变化,现在,我对太极亦是如此。

重新规范了自己的动作约6个月后,陈大师邀请我加入推手班。这个消息让我非常兴奋,我终于向这一艺术的武术方面迈开了第一步。在第一阶段,老师和我会面对面地站着,每个人的右腿向前,右手腕背部相接触。他让我推他,但当我推的时候,他却离开原地。我没推着,身体马上前倾,整个人一下子绊倒了,擦破了额头。接着,他轻轻推推我,我试着躲过去,但又不知道往哪儿躲。最终,出于本能,我往后仰,试着抵抗面临的攻击,和陈几乎没有任何接触,但陈却让我飞到了半空。

随着时间的流逝，陈老师不断教授我"不抵抗主义"的身体机制。随着训练程度不断加强，我学会了如何化解进攻而纹丝不动。我发现自己算计得少了，但感觉得多了，同时，随着这些身体机能逐步融会贯通后，之前所学习的太极打坐中的一些小动作开始在推手练习中起作用了。有一次，在拳击练习过程中，我突然发现了对手的一个漏洞，他马上想跳着躲开我。我的进攻让他大为吃惊，事后他告诉我他被我推开了，但他并没有注意到我这边有什么进攻的举动。我也不知道这是怎么做到的，但我渐渐开始意识到我在卧室中进行的打坐练习所蕴含的巨大威力。在对某些特定动作进行了几千次慢动作练习和不断改进后，我的身体似乎已本能地发生了变化。在太极里，要想使身体产生很大的影响力，意志力比身体动作更为重要。

这种学习经历和我学象棋有点相似。我把所有的时间都放在了学习技巧、原理与理论上，使之成为潜意识的一部分。从表面看，太极和象棋可谓是风马牛不相及，但在我的意识中，它们逐渐合二为一了。我开始把自己对象棋的看法以太极理念表现出来，似乎这两种艺术由一种本质的东西连接起来了。每天我都能发现新的相似点，以至于在学习太极时都把它看成是在研究象棋了。有一次在曼菲斯做一场40盘即时象棋展示时，我突然意识到，下棋方式与太极是一致的。我并没有算计如何布置棋局或开局，我只是凭着感觉走，把空余的空间填满，这恰恰就像是在海边或在武术中乘风破浪。一切都充满着狂野的气息！不用下棋却能赢得比赛。

无独有偶，在推手比赛中，时间仿佛放慢了脚步，让我能一步步分解对手的阵营，发现他的漏洞，这和象棋比赛本质无异。我对于意识、象棋和太极的着迷，对文学与大海、打坐与哲学的热爱，所有这些都紧紧围绕着一个主题：完全融入某项活动，挖掘自己思维的潜能。我的成长过程逐渐被定义成了"畅通无阻"。从普通的意识模式出发，我也曾注意到不同生活经历存在的明显关联之处。

在探索这些关联的过程中，我的生活也开始了高强度的学习体验。记得一个暴风雨的下午，我坐在百慕大悬崖上，看着海浪拍打着岩石。我的目光停留在了涌回大海的潮水上，突然间，数周来一直让我苦思不得其解的象棋难题有了答案。还有一次连续8小时完全沉浸于一个棋局的分析中，这时，我对太极有了突破性的理解，并在当天晚上的课上成功验证了这一点。伟大的文学作品可以激励我在象棋学习中取得进步，在纽约马路上的跳身投篮让我对流动性有了更好的理解，并可将此用于太极中。作为自由潜水者，在水下70英尺屏住呼吸可以让我在世界象棋或武术大赛期间缓解压力。训练自己在激烈的体力消耗后能够快速减缓心跳有助于我在耗费心力的象棋比赛期间迅速复元。在经历了数年的迷茫之后，我又重新自由起飞，努力获取大量信息，并完完全全地爱上了学习。

* * *

在开始构思这本书之前，能以一种很抽象的方式了解到自己在武术上的成长历程我就很知足了。我总是把自己的经历和"平行学习"、"级别转化"等联系起来。我感觉自己把象棋理解的精髓已转移到了太极练习中去了，但这对我而言，意义并不大。"精髓"实际上能意味着什么？怎么能把意识的东西转化到身体上呢？

2000年11月我赢得首个全国推手赛冠军后，这些问题成了我生活的重中之重。当时我正在哥伦比亚大学学习哲学，尤其是亚洲学派更是让我着迷。在古印度、中国、希腊的书中我得到了一些有趣的发现，并能从自己的经历中找到影子：奥义哲学的"精华"，道家的"包容"，新儒家的"原则"，佛教的"非二元性"，柏拉图学派的"理念"对我而言似乎是很古怪、跨越文化的。只要一有新的想法，我就马上会和某位不同意我的结论的教授进行争辩、验证。学术派似乎难以接受抽象的语言：当我在讲"直觉"时，一位哲学教授上下打量着我，并说这个词毫无意义可言。对于精准度的需求迫使我更具体地来思考这些理念。我必须更深入地认识"精华"、"质"、"原则"、"直觉"和"智慧"等概念，以便可以理解自己的经历，并有机会将其表达出来。

在我努力做到更准确地理解自己的学习过程的同时，我需要不断回顾自己走过的路，并要记住哪些我已融会贯通，哪些已经遗忘。在我的象棋与武术生涯中，学习方法对我的成长至关重要。我有时将其归纳为"学习数字以摆脱数字"，"学习形式以摆脱形式"。这一过程的一个基本范例可以通过象棋轻松地展示出来：象棋学习者必须先要专心学习基础知识，然后有望获取高级技能。他会学习残局、中局、开局的种种原则。刚开始他会同时考虑一两个关键性主题，但慢慢地，直觉会学着把更多的原理结合起来，融入自己的潜意识中。最终，这种基础已深深扎根，无须去特意思考，但潜意识里却会这么去做。这个过程会往复循环，并不断吸收深层次的习得。

实力强劲的象棋手很少会谈起基本原理，但这些却是他们精湛技艺的基石。无独有偶，在一场专业演出中，伟大的钢琴家或小提琴家不会考虑单个乐符，而是完美地将其全部演绎出来。事实上，在演奏贝多芬的《第五交响乐》时如果只想着某个C音的话，可能会出状况，因为整个乐感可能就没了。问题在于，如果你想为初学者写一本象棋指导书的话，你就必须把潜意识中的所有东西都给挖掘出来——我在写第一本书《乔希·维茨金的进攻型象棋》时就遇到了这个问题。为了给初学者写书，我不得不对自己的象棋知识进行分解，然而多年来，对于那些核心信息我已经形成了一套严密的融合体系。

在分析学习之道时也会看到这种状态：各种主题可以被吸收、运用、遗忘。我先是弄明白如何在这个竞争激烈的象棋世界中高效学习，否则，只要停步不前，排名靠前的对手就会赶超你。接着，我会本能地把这些经验教训运用到武术中去。我会避开初学者会面临的种种陷阱和潜在分歧，但我没有真正考虑过这些，因为这一切，就像象棋原理一样，都已了然于心。

自从决定写这本书，我一直在分析自身，对知识进行分解，积极探索自己的经历。对外界讲述自己的学习经历对我也是一种挑战，即如何让自己的想法更易被接受。只要发现所提到的概念或学习技巧太过抽象，我都会将其逐步分解。渐渐地，我开始发现那些曾默默指导过我的种种原则，一套系统性的学习方法也浮出了水面。

我的象棋生涯开始于纽约格林威治村的华盛顿广场公园，之后一过就是16年。这段时间里，我参加过美国、罗马尼亚、德国、匈牙利、巴西和印度的国际比赛，经历了各种心痛与狂喜。近年来，我的太极生涯已成了静思与激烈的武术比赛，每天都有进步，同时这也是对学习过程的观察、测试与探索。现在，我已获得了13项太极拳全国推手大赛冠军头衔，在2002年中国台湾举办的全球大赛中名列第三，2004年中国台湾举办的中华杯太极拳国际锦标赛中获得了太极拳推手赛的世界冠军。

一切竞争都未熄灭我对胜利的热情，但现在我越来越喜欢学习和训练本身了。参加了这么多年的大型赛事，在压力下表现卓越已成了我的生活方式。坐在电脑前写下这些话与承受压力参赛的感觉几乎没有什么不同。我意识到了这样一点：我所擅长的既不是太极，也不是象棋，而是学习之道。本书旨在讲述我的学习方法。

PART

1

初悟学习

第一章
平衡天性与方法

　　晚冬的一个寒冷的下午，在纽约市中心，妈妈拉着我的手往华盛顿广场公园走，当时我只有6岁，非常淘气，狂爱蜘蛛侠、鲨鱼、恐龙、体育运动，让父母头大不已。"这孩子太能折腾了，"我妈妈总会这么说。我总是会缠着爸爸玩足球或棒球，或者在卧室里和他摔跤。朋友们称我是"皮肤杀手"，因为在操场上玩金属棒或潜水时膝盖总会皮开肉绽。起初我对极限小轮车产生了兴趣，用隔壁建筑工地上的木屑和煤块建成了临时车道。我一向不肯戴头盔，直至有一天因为一次大的扭伤最后做了一个面部植皮，以至于妈妈下了狠心，除非我听话，否则骑马时她也不戴头盔。

　　这段路我们走了很多遍了。我喜欢在猿猴丛林中荡来荡去，像人猿泰山那样，丛林就是我的天地。但现在，事情有点不同了。当我转过头时，大理石棋盘上一个个神秘的小塑像令我非常惊讶与好奇。当时的感觉就像是自己在窥探丛林，棋子就是各种动物，充满魔力，随时要跳出棋盘。两个公园常客坐在棋桌两边，互相调侃对方。气氛异常紧张，之后就见一枚枚棋子开始出动，他们灵活地移动着棋子，快如闪电，精准神速，黑白两道占据棋盘，阵营分明。我被这一战场深深吸引住了，觉得这个游戏似曾相识，我喜欢它。紧接着就有一群人围了过来，我没能继续看下去。妈妈轻轻地拉起我的手，继续往前走去。

几天后，我和妈妈又经过了公园的这个角落，我松开妈妈的手，朝着一位有银灰色胡子的老人跑了过去，他正在其中一张大理石桌上摆着塑料棋子。那天我曾在学校里看到有些小孩子在下象棋，我觉得我也能下。"想玩吗？"那位老人透过眼镜疑惑地看着我。妈妈马上道歉，解释说我不会下，但老人说没关系，他也有小孩子，也比较空。妈妈告诉我说，在下棋过程中要把舌头伸出来，抵在上唇上，言下之意就是要么放弃要么就专心好好下。当时的感觉很奇怪，仿佛找到了自己遗失的记忆。移动棋子时我感觉自己以前也这样做过。这个游戏，就像一首好歌一样，非常协调。我在思考下一步要怎么走时那位老人就看会儿报纸，但几分钟后他就开始愤怒了，推开我妈妈，说她不该推他。很显然，我的棋下得不错。

在对几个棋子的布局进行协调后，我发动了一场进攻，那位老人不得不全力反击。过了一会儿来了一群人围在了桌旁，大家都在窃窃私语，说着"年轻的菲舍尔"之类的话。妈妈有点云里雾里的，不知道她的儿子干了什么。我陶醉在自己的世界中，最后老人赢得了比赛。我们握了手，他问了我的名字，写在报纸上，并说："乔希·维茨金，有一天我会在报纸上看到你的名字。"

从那天起，华盛顿广场公园成为我的第二个家，而象棋也成了我的最爱。放学后我不再急着去踢足球或打棒球，而一心想去公园。我会对着某个看着有点吓人的家伙坐下，摆出比赛的架势进入战斗。我喜欢比赛的刺激，有时我会不停地玩快棋，连续几个小时盯着棋子看，不断思考战术，来来回回摆弄着棋盘的布局。回到家脑子里总是在想着下棋这回事，接着就会让爸爸把他尘封已久的布棋盘拿出来跟我玩。

慢慢地，我成了公园的常客，他们开始保护我，向我展示下棋的技巧，教我怎么发动致命一击，直接让对手落败。我成了这条街上的宠儿。对于孩子来说，这是个很古怪的学堂，周围的观众有酒鬼、无家可归的天才、赌徒、吸毒者、另类艺术家等，他们粗鲁、聪明、颓废，住在贫民窟里，却对象棋充满了热爱。

每天，除非下雨或下雪，华盛顿广场西南角的19张大理石棋桌旁都会出现这些人的身影。大多数时候我都会在那儿，用小小手臂拿着棋子，嚼着口香糖，从比赛中学习象棋。父母在同意我来公园之前也是经过了一番思想斗争的，但我很倔，而且在我来下棋时那些人也都很注意自己的言谈举止。他们熄灭了香烟和大麻烟，说话收敛了很多，不正当交易也明显减少。我总是坐在他们中间，一坐下就聚精会神，开始鏖战。妈妈告诉我说，她看到她的儿子在下象棋时就像是一位老人。我太过于专注，以至于她觉得如果她把手放在我眼前的话都会燃烧起来。为什么一个小小年纪的孩子会对象棋这么认真，对此我真的不知道该怎么解释。可能这是一种本能吧。

几个月后，我已经击败了许多下了几十年象棋的人了。每次输的时候，就会有朋友给我提一条建议，比如"乔希，你进攻太少了，让对方一点危机感都没有。你得发动进攻，让对手恐慌起来"，又或者"乔希，你得护住王和车，不护好本营会让你很快败下阵来的"。之后我会马上击钟，摆好棋子重新开战。每次失败都是一个教训，每次胜利却是一次喜悦。每天象棋都让我爱不释手，乐在其中。

只要我来下棋，总会有一大群人过来观战。我成了这个小小世界中的明星了，对于一个小孩子来说，能得到这么多的关注很让我兴奋，但同时也是不小的挑战。我很快就意识到了，当我脑子里在想着有人在观战的话，我的棋就会下得很糟。对于一个六岁的孩子，想忽视身旁大人们对自己的评论真的很难，我似乎处于这样一个状态，棋盘布局的紧张气流与周围的议论声、交通噪音、救护车的警报声，所有这些都形成了一个激人奋发的强大漩涡，开拓自己的思路。有时我在华盛顿广场的吵闹声中甚至比在安静的卧室里更容易进入状态，但有时我会环顾四周，看着身边每一个人，因他们的谈话而分神，下得一败涂地。我相信我爸妈最开始在旁边观看我下象棋时一定很沮丧：他们根本分不清我是在嚼软Q糖、微笑、开玩笑、考虑自己的棋局还是进入了另外一个全新的世界中。

一个周六的下午，我在和朋友杰瑞下快棋时，有一个高个子站在人群中看。我注意到他了，但马上投入到了比赛中。几个小时后，他找到我父亲，并自我介绍说他叫布鲁斯·潘道菲尼，是国际象棋大师和象棋老师。布鲁斯告诉我父亲说我很有天赋，他愿意教我。

我父亲认出，在1972年历史性的鲍比·菲舍尔 vs 鲍里斯·斯帕斯基的世界象棋大赛上，就是布鲁斯与舍尔比·利曼一起做的电视解说。这场比赛是对国际象棋的大革命，这是冷战期间的一场大赛，矛头直指前苏联世界冠军，他的背后是一支百人教练与陪练团队，而发起挑战的却是一位性格怪异的美国人，他所有的应战准备工作都是独自在一个小房间里进行的。菲舍尔兼具詹姆斯·迪恩与葛丽泰·嘉宝的风采，让全美为之着迷。

两大高手此次对决的政治气息极浓，随着比赛的深入，它逐渐被视为冷战的象征。亨利·基辛格给鲍比打电话加油，双方政客也紧密关注着每场比赛。舍尔比与布鲁斯每天在电视上做深入浅出的赛事分析时，全球人都屏住呼吸观看比赛。最后菲舍尔赢得了比赛，他马上成了国际名人，而象棋也在全美风靡起来。瞬间，这项活动取得了与篮球、橄榄球、棒球、曲棍球同等的地位。之后在1975年，菲舍尔放弃了卫冕赛退出了人们的视线。自此以后，美国的象棋界一直在寻找另一个鲍比·菲舍尔，让这项赛事重新发扬光大。

舍尔比和布鲁斯的解说令父亲二十年来一直记忆犹新，而现在，布鲁斯主动要求教授他6岁的孩子。我有点不知所措，象棋是挺好玩的，公园里这些人也成了我的好朋友。他们把我教得很好，所以为什么我还要再多一位老师呢？我把象棋看成了自己的隐私，它是属于我自己的既亲密又充满狂想的世界。要想进入这个世界，必须要得到我充分的信任，而布鲁斯要想教我也必须先要克服这个问题。

我们最开始的课程并未按常规进行，我们几乎不是在"学习象棋"。布鲁斯知道最重要的是要先互相了解对方，建立起真正的同志情谊，所以我们会谈到生活、运动、恐龙这些让我感兴趣的事。但只要一谈到象棋，我就会坚守自己的想法，拒绝接受任何正规的指导。

我一直坚持着自己在公园里学来的一些坏习惯，比如，早早出"后"。这是初学者的一个典型错误："后"是棋盘上最具威力的棋子，因此大家都想马上让她投入战斗，发挥威力。如果和那些没有技巧、连简单进攻都招架不住的对手比赛时，这个战术非常有效。但问题是，"后"要想和对手的棋子对决的话必定损失惨重，所以她就会在棋盘上被追着走，而对手自然会出动价值相对小一点但威力十足的棋子对孤军作战的"后"发起猛烈进攻。道理很明显，但我就是不听，因为之前我这样做也赢了不少比赛。布鲁斯只凭这样说无法让我信服，他必须得证明给我看。

布鲁斯决定和我下一场快棋，就像我常常在公园里下的那种。我犯了某个本质错误的时候，他就会提醒我违反了哪项原则。如果我拒绝改变，他会紧接着利用我的失误，直到我的棋局七零八落。慢慢地，我认识到了布鲁斯理念的正确性，他逐渐赢得了我的尊重。我的"后"开始等待正确时机再出动了。我学会了如何布局，如何控制中心地带，如何有系统性地发动进攻。

赢得我的信任后，布鲁斯开始正式教我，并允许我表达自己的想法。主要的问题就是我太过急躁。我是一个极具天赋与本能的孩子，曾击败了众多没有接受正规训练的街头棋手们。现在是时候让我放慢脚步，约束自己的直觉，而布鲁斯对此也有自己的一套。他知道如何教会我更懂得约束自己，同时又不减弱我对象棋的热爱或是压抑我内心的想法。很多老师都不懂得这种平衡状态，而是逼学生采取某种固定模式。多年来，我曾遇到过很多这样自以为是的老师，也逐步意识到，从长期来看，他们的这种做法对学生有极大的杀伤力，无论是哪套模式，在我身上都不管用。

我知道自己的确挺难管的，我的父母培养出了一个任性的孩子。很小的时候父母就鼓励我参与在家中举办的激烈的晚餐会辩论赛，讨论艺术与政治。他们教导我要勇于表达自己的想法，同时也要考虑别人的想法，而不要盲目地追随权威。幸运的是，布鲁斯的教育理念非常契合我的性格。他并没有把自己当成博学之人，更多地是把自己当成是我成长过程中的向导，而非权威。如果我与他意见不一致的话，我们就会面对面进行探讨，而不是单方面的训话。

布鲁斯通过提问的方式让我放慢速度。每当我要做一个重要决定，无论好坏，他都会要求我解释自己思考的整个过程。要达到这个目标有没有别的办法？我是否意识到了对手的威胁呢？有没有考虑过不同的布局顺序呢？布鲁斯不会一味地庇护我——有的老师为了避免自己太过独裁，会表扬所有小选手的决定，无论是好是坏。他们的本意是打造信心，但相反的，这样做只会打击小孩子的客观性，鼓励自我纵容，或许最糟糕的一点就是，他们创造出老师和学生间的不诚实的关系，这一点是任何一个聪明的孩子都能够感觉出来的。

当我走错了一步，布鲁斯就会问我是怎么想的，之后帮我找到不同的解决方式。课上大多数时间都是在沉默中度过的，两个人都在思考。布鲁斯不想给我灌输过多信息，而是帮助我的思维逐步走向成熟。慢慢地，通过他劝诱式、幽默、轻描淡写的教学方法，布鲁斯为我打下了根本性的象棋理念根基以及对于分析、计算的系统化理解。尽管这些新知识非常宝贵，但最初几个月的学习中，最重要的一点就是，布鲁斯进一步加深了我对象棋的热爱，并且从未让技术性的东西影响了我对象棋的内在感觉。

在最开始与布鲁斯一起合作的日子里，我们会每周在我家见一至两次，有时是早上，有时则安排在放学后。而其他大部分时候，我会到华盛顿广场和朋友们在公园中切磋一下。在六七岁时，我的象棋教育有两大来源，关键就在于如何让它们和谐共处——街头鲁莽的棋童不得不与布鲁斯所栽培的、经过专业训练并且有耐心的棋手合二为一。我非常喜欢欣赏以前世界大赛无与伦比的魅力，我总和布鲁斯一起研究，有时静静地坐着，用上20分钟计算象棋残局的布局会让我兴奋不已。但也有些时候，认真思考也会让我感觉很无聊，我宁愿去和好朋友下快棋，发动进攻，有点鲁莽行事，创造出美丽的混合风格。公园总是很有趣，毕竟我还是个小孩子。

我的父母和布鲁斯一致决定，我至少得过个一年左右才能参加比赛，因为他们希望，在我与象棋的关系方面，学习与激情排第一位，竞争只能在第二位上。我妈妈和布鲁斯对于让我置身于象棋的巨大压力中甚感矛盾，他们想让我多过几个月天真无邪的日子，这让我心存感激。当我最终开始参加学校比赛时，我刚过7岁生日，感觉比赛比较简单。和公园里那些人一样，与我同龄的小孩子根本不懂得复杂的进攻和防守战术，并在压力中败下阵来。有的小孩子一开局时会布下几个很有威胁性的陷阱，心里记下在哪方面会有机可乘，所以我经常在开局时会丢一两个兵，但之后他们就一点机会都没有了。对我来说，极具竞争性的象棋并不是一项追求完美的项目，它更多的是追求胜败，两个对手互相把握优势，轮流占领上风。我在华盛顿广场的朋友们都是很勇敢的竞争者，你永远都无法把他们排除在外，事实上，在处于困境时他们才最具威胁性。许多很聪明的小孩子期望能顺利获胜，而当遇到麻烦时，他们马上就慌了手脚。

我总能在不利局面下翻盘。我的风格是让比赛变得复杂，然后以我的方式走出混乱局面。当棋局比较乱时，我的信心就非常强。布鲁斯和我也花了很多时间研究残局，也就是在几乎空了的棋盘上，将高水准的象棋准则与深层次计算融合起来，创造出令人犯难的局面。如果我的对手想在开局就获胜的话，我就会布局，进入复杂的中局和捉摸不透的残局。所以，在比赛进行过程中，他们的自信心会逐步减弱，主动权完全掌握在我的手中了。注意到这些趋势后，布鲁斯开始称我为"老虎"，直到现在他依然还这么叫我。

第一年的象棋比赛比较顺利，在和同龄人比赛时我总是战无不胜，街边的粗莽与正规的教育的完美结合让对手根本招架不住。或许我在比赛中最关键的一个因素就是我的棋风，它与我的个性完全保持了一致。我根本不受内在矛盾的束缚，我已经逐步看到了学习过程的本质。布鲁斯和公园里的那些棋友们都教过我如何在下棋时表达自我，由此，我对于象棋的热爱也与日俱增。

几个月下来，我获奖无数，全国排名也快速上升。只要一现身比赛，选手们就会害怕我，这让我有点不解。毕竟我也是个怕黑、喜欢史努比的小孩子而已。而且不止一次，比赛甚至还没开始，对手就坐在棋盘旁开始抹眼泪。我为他们感到遗憾，但同时对自己信心大增。不知不觉我就成了全国同龄人中排名第一的选手了。下一步就是即将在北卡罗来纳州的夏洛特举办的全国象棋大赛。公园里的棋友们兴奋不已，不断教我更多的技术，帮我准备比赛。赢得初级赛（幼儿园至三年级）似乎胜券在握，我一点都不担心。

第二章
用练习战胜失败

小学组全国象棋大赛

北卡罗来纳州，夏洛特

1985年5月5日

最后一轮。第一盘。赢者即可获得冠军头衔。我和对手单独坐在棋桌旁，前面放了一台自动摄像机，将比赛过程传送至媒体、教练和酒店大堂焦急等待的父母。此处聚集了全国500多名顶级的年轻棋手，他们也为全国冠军而来，现在坐满了比赛大厅，气氛紧张异常。最后一局是宝座也是囚所，仁者见仁，智者见智。每个人都梦想着能走到最后一步，但当你真的到了决胜局，却发现自己那么孤独，颇有"高处不胜寒"的味道。参赛的那一刻，我就成了竞相攻伐的对象。我知道，很多人会把矛头对着我，用几个月的时间专门针对我来设计开局时极具威胁性的陷阱，让我一开场就败下阵来。但我已经胜了前六位对手，只和了一局。和同龄人对决时我觉得自己是不可战胜的，他们根本不是我的对手。

让我始料未及的是，我的对手却是一个技艺超群的天才。他叫大卫·阿内特。3岁时他就能记下纽约市地铁图；5岁就能做高中数学题；6岁时他就成为全国一级棋手，同时也是著名的道尔顿学校的最佳棋手，他的指导老师是校园象棋史上的传奇人物斯韦托扎尔·约万诺维奇（Svetozar Jovanovic），曾培养出许多年轻的冠军。约万诺维奇对大卫进行了系统、正规的象棋教育，并让他有了战胜对手的竞争灵敏度。比赛结束后大卫和我成为了最好的朋友，但现在，他就像是一个恐怖的金发小男孩，面部毫无表情。

比赛进行到第三步棋时，大卫做了个奇怪的决定，竟让我用马吃掉他的王前兵。我应该花点时间找下有没有陷阱，但我没有，而是很快走了一步。之后他就控制了局势，把后放入了一个险要的进攻位置，准备吃掉无处可逃的马。我犯了个愚蠢的错误，而现在，这个聪明的小男孩对我的王虎视眈眈，我不得不为胜败而战。

随着比赛的进行，我能看到8岁的自己是什么样子：坐在棋盘边，汗流如河，鸡皮疙瘩起来了，心跳加速，邻近棋盘边其他选手嫉妒的目光，整个比赛大厅死一般的静寂，众多濒临破碎的梦想。我不是超人，只是一个小孩了，会因为做了可怕的噩梦而躲到父母卧室，现在却肩负着重大的使命，此刻，失败似乎已成定局。

我原本可以做出选择，要么完全自我毁灭式进攻，要么放弃某些棋子进行重组，然后再试着反攻。这一方法是我在华盛顿广场公园经常用到的，但现在，和我决斗的小孩子对我来说是个陌生人。我曾是全国比赛最被看好的人，对于这样的压力我唯有用"无人能敌"的自信来给自己打气，对于伟大的棋手而言，自信是关键要素，但自信过度就会起反作用。能走到这一步，说明我们两人都是极其聪明的人。我们把失败看作了虚张的勇气下的癌症，当局势开始失去控制时，原有的信念瞬间倒塌。

比赛结束时，我人都呆了，距离自己首个全国冠军曾那么近，而现在却让它从眼前溜走了。我是个失败者吗？我是否让父母失望了呢？是否让公园里那些朋友、布鲁斯和学校里的朋友们失望了呢？我怎么就会失败了呢？位置太高带来的另一个问题就是，失败的路会很长。在自己以及周围人的眼中，我真的失败了吗？努力了这么久，除了获胜，还有没有别的收获？一个8岁的孩子很难处理这样沉重的问题，而幸运的是，在这样极度紧张的时刻，我的家人有能力让我重新获得信心。我们外出钓鱼了。

* * *

在我尚未出世的时候，大海就成了我生命中极为重要的一部分了。我妈妈怀孕五个月时，我们就到海上旅行，在10英尺长的湾流拖车上捕获蓝色马林鱼。最早的时候，我家位于蚊子成群的南比米尼群岛上的小港口，喂养海鳗，晚上拍臭虫并去追捕鲨鱼。

在成长的过程中，每当夏天一来，不管发生了什么事，不管会出现什么危机，不管我错过了什么比赛，我们都会去海边。我逐渐意识到了，远离激烈竞争与压力的这些短期旅行已经成为，并将继续成为我取得成功的不可或缺的一部分。在海上的时光可以让我重新焕发生机，与家人共同出游，与自然亲近，将诸事抛在脑后。在海上，我能够让我的意识与思维远离比赛和训练，并对成长过程的下一站有新的创新性的想法。这种旅行和奢侈的度假大有不同，事实上，它们就像是不间断的手工劳动，在操纵室里大汗淋漓，哄劝一台老发电机恢复工作，在烈日下工作，在暴风雨中努力让船不出问题，在大海中引航前行，时刻站在风口浪尖上。

航海生活也为表现生理学打下了极好的培训基础。在海上生活要求一直集中精力，控制全盘，不敢大意。船总是与大海一起摆动，在你的脚下左右倾斜，要想生存下来，唯一的办法就是要踏上海浪的节拍，做好准备，时刻迎接各种挑战。在海上，我学到了这样一点，其实只要一直用心，所有的状况都可以处理应对的。另一方面，在远离陆地70英里处遭遇危机，或游泳时遇到大鲨鱼，如果失去了冷静，那你就毫无生路可言了。

当初离开纽约的生活看起来像是在自杀——对手们总在上课，每个周末都会相互切磋，而我却在船上乘风破浪。现在，这种生活方式已经持续了很多年，并且对我颇为有效，因为再度归来，我会带回新的理念、充足的精力与坚定的决心。在我需要的时候，大海总能为我疗伤，并赋予我新的生机，而现在，一个8岁的小孩子身处这样一场危机中，我需要一场海上之旅。

我的父母、妹妹和我乘坐家里24英尺长的潮落号离开劳德尔堡，这是一艘很棒的老渔船，曾载着我们度过了很多夏季深海旅行，直至我12岁那年，她搁浅并沉没。东南方向57英里处便是比米尼岛，这个小岛让我有种家的感觉。在孩提时代，当她缓缓出现在我的视线中，当经历了漫长的海洋航行后眼前奇迹般出现一排排树木，这些记忆仍清晰地留在我的脑海中，永不消逝。接着几周我们都没再讨论象棋，而是钓鱼、潜水，在湾流处捕鱼，在美丽的南部美景中尽情呼吸。我又像一个小孩子一样，和好朋友基尔和基诺在岛上追逐着，嬉闹着，连续几个小时看着风雨飘摇的老港口，钓鱼线在水中晃动着，鱼在四周跃出水面。在下雨的夜晚，妈妈和我会带着小狗布朗尼前往丛林，寻找大的地蟹。逃离了疯狂的校园象棋赛，全家人恢复了普通人的身份，感情也比以前更加亲密。我曾身受重创，但渐渐地，父母帮我重新燃起了对生命的热爱。

在痛苦的日子里，妈妈一直是我的精神支柱，为我承受着一切，直至乌云散去。在我小的时候，她总会把她柔软的脸颊贴在我的脸上，提醒我，我不用一直都这么坚强。我无须告诉她我的感觉，她什么都清楚。妈妈是我所认识的最伟大的人。她是那么睿智、富于爱心、有激情，她独到的见解直至今日仍让我受益匪浅。她安静却强大无比，总是无底限地支持我，一心放在我身上，她一直鼓励我要随心而动，即使方向偏了或者追求的目标有点古怪。同时，她也非常勇敢（这点有时会让我有些不满）：在深海里面对400磅重的鲨鱼，用渔网收那些跳跃着的蓝色马林鱼，驯服重达2000磅、野性十足的雄马，制止街头斗殴，让爸爸和我始终意见一致。在我们所经历的种种高峰与低谷中，她始终像一股平衡的力量在中间起着作用：在低谷时她会鼓励我们，给我们打气；当我们野心太大已偏离方向时，她又会适时地给予建议；当我流泪时，她又会给我们一个温暖的拥抱。妈妈就是我心目中的英雄，没有她，所有的事都不会成为可能。

爸爸的性格则完全不同。他非常忠诚，感情丰富，有点古怪，是位很慈爱、有责任感的父亲，从我出世的那一天起我们就一直是最要好的朋友了。我不记得两个人有多长时间呆在一起，打篮球、踢足球、打棒球，探索海平线，在成群的鱼儿上方寻找小鸟，一起到全球各地参加象棋比赛，以及之后的武术比赛。从我6岁起，我们一直就是一个精英团队，我们的这一组合源于共同的野心，以及在某种程度上，我们深厚的感情。不管我们如何想保持自己的心态，但我们的感情却随着各种比赛结果而起伏不定。对此我们也没有办法。赢得大的赛事后，一切都那么美好，连天也是蓝的；而输掉比赛时，一切就变了样，连梦想都那么荒诞不经。

我很清楚，在下棋时，爸爸的心始终和我在一起，但我也知道，不管结果如何他都依然爱我。难怪有些心理学家会对父子之间如此深的相互依赖关系有所不解，但当你在追逐顶级目标时，有时极限的限度也是需要做出改变的。不断有大的比赛、气候变化与大的波动，这让我一直需要新的能量与激励，让我之后再次有勇气拿起棋子。有一点是非常肯定的：不管何时，爸爸都会在我身边百分百支持我。

在比米尼住了一个月，他坐不住了，为我和岛上最好的棋手安排了一场比赛。他担心我这么久不下棋会手生，同时又心里痒痒的，想看我重新拿起棋子的样子。我对这场比赛倒没什么兴趣，而更想拿线钓鱼，去潜水捉龙虾。象棋对我来说仍是一种负担，但比米尼大赛这个想法听起来倒没什么不妥，相反还挺好玩的。我们找到了他，并在酒吧里进行对决。他一口金牙，胸前一条又粗又长的金链子一直垂到了棋盘上，看起来过去曾贩过毒。我用了几分钟才进入状态，但接着，我整个人仿佛一下了活过来了，对象棋的热爱又回来了。"战无不胜"的感觉重新回归，仿佛象棋已成了我的一部分，无法抗拒。那个夏天，8岁的我多了一份坚强：我不会输着走出去。

秋天回家时，布鲁斯正忙着赶各种书的合约，没有时间理会我。他不断地翘我的课，让我感觉被人活生生地扇了耳光。我曾输了比赛，而现在我的老师也不喜欢我了。即使真的见了面，他也是心不在焉，课程也变得机械化，和以往的风格大不相同。或许他真的很忙，但我那时是一个急需他帮助的孩子。

同时，我转学到了位于曼哈顿上东区知名的道尔顿学校。转学带来的麻烦也不小，原来学校离家只有几个街区远，而现在需要坐很久的公交车。我很想念原来学校的好朋友们，觉得与道尔顿这些富家子弟格格不入。我记得第一次我们几个一起去一位新朋友位于市中心的公寓时，我仿佛走进了一个宫殿。有门房、女仆，豪华屋顶上悬挂着漂亮的吊灯。面对这一切我变得很困惑，开始在想我家是不是低人一等。当时我还要求爸爸来接我时把车停在角落里，这样朋友们就不会看到我家那台旧的绿色普利茅斯车。

当时的状况是一团糟。我的象棋生涯遭遇挫败，老师也不再喜欢我了，我想念好朋友们，我家也没有门房或是一辆好车。最重要的是，我在学校里喜欢的一个漂亮女生养成了一个习惯，总是拿她的鞋打我的头，我当时并没有意识到（直到很多年后她告诉我的）这说明她在与我分享我的种种想法与感觉。我是个处于转变过程中的孩子，需要有人帮助我一起度过这一关。几周后，布鲁斯发现匆忙进行机械化的象棋分析并不是我所需要的，所以他退了一步，重新恢复了原来的象棋生活。休息时我们一起到外面踢会儿足球，又像几年前刚开始上课时那样大笑着，像平常人一样交流着感情。

我又开始回华盛顿广场公园和老朋友们一起下棋了，比赛不再是件恐怖的事，我也再次找回了乐趣。之后，布鲁斯和我继续工作。我们深入探寻象棋艺术的核心与精髓，分析各种复杂的中局和残局，研究经典赛事，培养自己的技能和理解力。我们开始进行大量的设想练习，蒙着眼睛进行比赛，不动棋子，只在脑海中进行长时间的走棋练习。

象棋现在已变得不同了。在夏天那几个月里，我曾质疑过很多事，在决定强势回归时，我对象棋所做的承诺已远远超出了乐趣与荣誉，而是热爱、苦痛与激情，激励自己不断跨越，不断提升。这听起来好像有点荒谬，但我相信从8岁到9岁那一年是我生命中的转折点。我用辛勤的练习来应对比赛的挫败与心灰意冷。我不断激励着自己，并为强大的意志力所驱动着。小时候我就潜力无限。我只知道"获胜"二字，因为我比其他小孩子都更优秀，与大人竞争时我也没有压力。现在，我有了失败的经历。我输给了一个小孩子，同时还有其他很多小孩子，他们都是我强有力的对手。

我仍是全国同龄中最高级别的棋手，凡是我参加的比赛，气氛马上就会紧张起来。如果我取胜了，那没什么大不了，但如果我输了，天好像立马就塌下来了。有一个男孩尤其要引起我的警惕。他叫杰夫·索亚，样子有点吓人，个头矮小，经常光头、赤脚。他没有上过学，他爸爸让他每天学12个小时的象棋。下棋时，杰夫会一直哼着"杀死他，杀死他，杀死他"。他进攻性极强，很聪明，在棋桌旁威力无比。刚从夏季旅行归来，我就来到曼哈顿象棋俱乐部找布鲁斯上课，而杰夫当时就坐在那边下棋。他对我下了挑战书，我也接受了挑战。我当时不在状态，对这场比赛也没抱太高的期望,那回他放了我鸽子。几个月后，我又回到曼哈顿，和他一起对决，周围一大群人在观看。我击败他后，听到他坐在角落里哭了好几个小时。这太可怕了。这是孩子之间可怕的对决，有点世界末日的感觉。

无数个下午，我都独自坐在房间里研究象棋。有时爸爸会故意分散我的注意力，想带我出去踢足球或打篮球，但我哪儿都不去。有太多需要我学习和思考的东西了。爸妈担心我对象棋太过着迷，爸爸甚至有时会告诉我，如果我想放弃的话也是可以的。他们并不理解，我从没想过放弃。

随着全国比赛日益临近，我的训练强度也越来越大。我在公园比赛中磨练技艺，从街头棋友那儿吸收了不少好的建议，并与布鲁斯进行了更为认真的准备工作。我知道索亚只要是醒着的，就会抓紧每一分钟与大师们交手，为这场比赛积极做着准备。他就像是一台机器，在快棋课上消灭强大的成人对手，并以他的不屑让他们面子全失。一天他出现在公园中，当时我正好不在，我所有的朋友都告诉他我比他更优秀。他听后大笑说："乔希根本不值一提。"他们不断嘲讽他，最终把他"轰"出了我的领地。纽约象棋的围观者分成了两大阵营，他一队，我一队。这场比赛已不再是两个孩子之间的比赛了。

全国赛再次在北卡罗来纳州夏洛特举行。我和父母、妹妹凯迪亚、布鲁斯一起前往比赛地。这是布鲁斯首次陪我一起参赛。他的好胜心并不强，看到孩子间在这么大的压力下拼得你死我活心里也非常挣扎。我并没有怪他。我的三个好朋友也和他们的父母一起过来了。事实上，他们并不是棋手，对他们来说这更像是在度假。而我则非常认真。我在一号棋盘上比赛，再一次和其他孩子隔开了。父母在酒店大堂焦急地等待着，和其他父母一样紧张地看着视频监视器上转播的比赛过程。第一轮有点难度，但之后我横扫一片，拿下了前六场比赛。

进入最后一轮，只有杰夫·索亚和我得了满分。在整个比赛过程中我的对手要更强劲一点，所以如果我们是平局的话，我就获胜，但没人想着以平局收场。

杰夫是我唯一担心的选手。有谣言说他、他的爸爸和妹妹在整个比赛过程中都一直在他们的车里睡的。每轮间隙他都会坐在地板上，抱着他瘦弱的腿，瞪着每个想和他说话的人。他很瞧不起其他小孩子，称他们是"丑陋的废物"，只要他们一近身他就会嘲笑讽刺。他爸爸是个粗暴的独裁主义者，以救世主自居，用他疯狂的精力与想法打造出了一台完美的象棋机器。尽管我们从来没有私人交往，但我很尊重杰夫。他热爱象棋，并且认真的程度无人能及。这场比赛注定了是场战斗。

杰夫执白子，略占先机（白棋先走）。此前我曾做过很多白子开局的准备练习，用黑子有点信心不足。他以大举进攻开局，以一场极其危险的中兵进攻风暴直攻我的"王翼印度防御"。我此前从没见过这种棋路。他的棋速很快，下的时候信心十足，使得我从一开局就身陷险境。他的中兵方阵似乎要吞并我，比赛甚至还没开始我就被步步逼退。他有点趾高气扬，似乎在嘲笑我，好像在说我没有这个资格和他一起坐在棋盘前。

似乎一开局我的胜算就微乎其微了。刚进入中局我就丢了一个兵，之后我试着通过兑子来减缓他的进攻。这一招比较危险：当你棋子少时，兑子会增加对手的优势，但我喜欢残局，并大力向这一安全地带挺进。在兑后时，杰夫似乎在对我咆哮。他是个天生的杀手，现已扼住我的喉咙不撒手了。

三个小时后，比赛大厅已空了下来，我们这时已进入了比赛的最后关头。整个大厅只剩下我们两人，以及正在对酒店大堂做转播的电视摄像机。在那儿，成百上千人聚在监视器旁，边看边想，哪个小孩子会成为冠军，哪个小孩会失败。死一般的寂静让人窒息，或许这恰恰就是我的处境。我只有一个马和5个兵，对他的象和6个兵。似乎已经没有希望了。记得我当时一边挣扎于前一年伤心的经历，一边寻求出路，但根本无计可施。我去洗手间大哭了一场，之后我洗了把脸，给自己打气，又回到了棋桌旁。

当时我仿佛陷入黑暗的丛林，在灌木丛中动弹不得，饥饿、伤痛，突然看到了一点亮光。我永远忘不了当时突然灵光一现的那一刻。在象棋中，你经常会在出现转机前有一种感知。我整个人马上精神起来了，感官一下子敏感很多，就像是动物感觉到了有猎物在附近。这种感觉让我意识到：对手棋局上有漏洞。紧接着我开始了探索之旅。我开始心算，考虑下面的棋路。慢慢地，作战计划在我脑海里明朗化。我必须要把马拿下来，放弃剩下的兵，这样下来最后棋盘上只剩下两个王了，这完全是一种逆向思维。我所发现的拯救比赛的这些招数远远超出了我当时的年龄与水平，我都不知道自己是怎么做到的。

比赛最后以平局收场，我成了全国冠军。我晕乎乎地走出了比赛大厅，被一大群小孩子和父母们簇拥着，他们沉迷在充满戏剧化的比赛当中，现在都异常兴奋地围了过来。一位国际大师级的教练问我为什么在中局做出这个决定，我根本不知道他在说什么。象棋已经离我万里了，而这一刻人性的某一面却让我非常震撼。我看到杰夫溜出人群，走到他爸爸身边，他爸爸却冷冷地瞪着他，不许他靠近。多么令人心寒的一面。

第三章
渐进理论

你可能也意识到了，校园象棋界是个令人窒息与绝望的地方。每一年，成千上万的男孩女孩将希望寄托在这些比赛上，每个人都相信自己会是最棒的。荣耀就是最强大的动力。不可避免的是，总会有梦想遭遇重创，总会有心灵破碎不堪，站在巅峰的只能是少数几个人，这就注定了绝大多数人都将难以如愿。当然，这一状况是任何存在竞争与野心的领域都会存在的。三流球队的运动员梦想着能加入他们最喜爱的一流球队踢球；在校园练习投篮的小孩子希望能成为又一个乔丹；演艺界也充满了高高的期望值、疯狂的竞争与现实中渺茫的可能性。

这就出现了两个问题。首先，有的人能挤进高高在上的王者之位，而大多数人只能望而兴叹，其中的差别到底在哪儿？第二，比赛的意义何在？如果野心会带来失望，那为什么还要一如既往去追求卓越呢？

在我看来，这两大问题的答案源于一种经过了深思熟虑的方法，它能激励弹性，能够将多样化的追求与每天对于过程的享受联系在一起。绝大多数有追求的人，不管年长还是年幼，在学习方法上都犯下了很可怕的错误。他们沮丧地偏离了主道，而那些走在成功道路上的人却始终沿着正确的轨迹稳步行进。

发展心理学家针对"学习方法对学习成果的影响"进行了广泛研究。发展心理学领域的领军人物卡罗·德维克博士（Carol Dweck）对智力的"整体理论"和"渐进理论"进行了区分。属于"整体理论"类型的孩子，即受父母和老师影响而采取这种思维方式的小孩子，倾向于用这样的语言："我在这方面很聪明，"并将成败归结于一种与生俱来、无法改变的能力水平。他们把自己的综合智力或技能水平看成是一个固定的、无法继续演变的"整体"。而"渐进理论"则是一种全然不同的学习模式，权且将其称作"学习理论"，该理论更倾向于用这样的句子描述结果："我之所以做到了是因为我非常刻苦"，或者"我应该更努力一点才是"。采取"学习理论"的小孩子倾向于这种想法，即，世上无难事，只怕有心人，通过努力，一步一步，循序渐进，新手也能成为大师。

德维克的研究表明，当遭遇挑战时，"学习理论"者更有可能迎接挑战，而"整体理论"者则更易急躁不安，甚至放弃。把成功与刻苦努力联系在一起的小孩子，在遇到挑战时，倾向于采取"掌握取向的反应"，而简单地用"聪明"、"愚笨"，或者"好"、"坏"来评价自己的能力的小孩子，则倾向于采取"无助反应"。

在一次真实的研究当中，研究人员对一组小朋友进行采访，并对每个人做出判断，是"整体理论"还是"学习理论"类型。他们给所有小朋友出了一系列简单的数学题，大家也把这些题目都答对了。之后，他们又给小朋友们出了一些超过他们能力范围的题目。很明显，"学习理论"者面对挑战非常兴奋，而"整体理论"者却非常郁闷。大家可谓众说纷纭，既有人说"噢，天哪，看来现在我得好好努力才行"，也有人说"对这种题目我可不拿手"。每个人都答错了，但很显然，这次被挑战的经历对他们造成的影响却大有不同。更有趣的是本次实验的第三阶段：研究人员要求所有的小朋友再次解答简单的数学题。几乎所有的"学习理论"者都轻松应答，但"整体理论"者因无法解决难题而大受打击，由此许多人连简单的题目都答不上来了。他们的自信心严重受挫。

这场实验中非常令人吃惊的一点是，结果与智力水平并无太大关系。采取"整体理论"方式、非常聪明的小孩子，与那些不太聪明，却采取了"学习理论"方式的小孩子相比，在接受挑战时更易急躁、大乱阵脚。事实上，在那些最聪明的小孩子中，有一部分人在遇到挑战时最易采取"无助反应"，因为他们需要一直追求、维持一个完美的形象，而这一形象却是那么轻易地就会被击碎。我曾观察过许多很有才华的年轻棋手，因此我敢证明这一点的准确。有些最具天分的棋手在压力下却最为糟糕，也最难从失败中走出来。

那么这些理论是如何"植入"我们头脑中的呢？通常，父母或老师在教育方式上微妙的差异也会造成很大的影响。"整体理论"倾向于这种做法：成功时告诉他做得很好，而失败时则告诉他，他并不擅长这件事。所以当一个小孩子在数学考试中考得很好，回家后就会听到父母说："哇，我儿子真棒！太聪明了！"接着下一周，约翰在英语考试中失利，他就会听到这样的话，"你这是怎么回事？不识字了？"或者"你妈妈就从来不喜欢看书，很明显，你和你妈妈一样，都干不了这个。"这样一来，小孩子就知道了，他数学能学得很好，英语则不行，就会把成败与先天的能力联系起来。另一方面,"学习理论"更注重过程。比如,一个小女孩写了篇不错的英语散文,她的老师会这样祝贺她:"哇,茱莉,干得很好!你会成为一名很棒的作家,继续加油!"而如果她在数学考试中考砸的话,她的老师可能会这样写:"下次更努力点,你会考得很好的!课后无论何时,只要有问题就过来问我,这是我的职责所在。"这样一来茱莉学会把成功与努力联系起来,并感到,只要努力,任何事都可以做好。她还会意识到这样一点:她踏上了一个学习的旅程,而她的老师则是她成长过程中一个友好的帮手。约翰认为他数学很好,英语很糟,他注重眼前的结果,而不是长期的过程,但如果他接下来遇到一场很难的数学考试,并且考得很糟,那怎么办?他会做好充足的思想准备,从这些挑战中吸取经验教训吗?很遗憾,答案是"不会"。

很明显,父母和老师在子女、学生智力理论的形成过程中承担着极大的责任——无论何时做改变都不算晚。必须要意识到这样一点:我们的学习方法是可以一直改进的。研究表明,仅仅几分钟时间,小孩子就可以在一个特定情境下拥有健康的学习方法。在一项研究中,研究人员就"任务目标"对孩子们进行了不同的指导。有些孩子被告知,解决某些问题会让他们在未来的学校生活中获益;其他孩子则被告知,对他们的评估是基于眼前取得的结果。换句话说,半数的孩子接受了"掌握取向反应"指导,另外半数的孩子则接受了"无助反应"指导。当然了,那些采取"掌握取向反应"指导的孩子在考试时会考得更好。

那么这种差异会对我们日常生活带来什么样的影响呢?本质性的影响。**追求卓越的关键在于,要坚持充满活力、长期的学习过程,不再满足于原地踏步、平平庸庸。**寄生蟹就是一个很典型的例子,它的成长过程与学习有些相似(心理因素排除在外)。蟹长大后,需要找到一个更大的壳。因此，这个缓慢、笨拙的小生灵开始了新家探索之旅。如果没能很快找到一个适合的新壳，那就象征着危险时刻的到来。一个习惯于全副武装、全身柔软的小生灵现在必须要走出自己的世界，面对捕食者及其他风险。换家过程中的学习阶段也是我们成长的起点。坚持"整体智力理论"的人就像是一只丧失食欲的寄生蟹，一直饿着肚子，所以一直长不大，也就用不着再去找新家了。

就我的经验来看，成功之士一心追求卓越，每场战斗都勇敢承担风险，最终你就会发现，在"追求卓越"的过程中获得的教训比唾手可得的奖杯和荣耀有意义得多。从长期来看，痛苦的失败比获胜更有价值。拥有健康的心态，能够从每次经历（不论好与坏）中有所心得，这样的人才能一路走下去，并且一路都能走得很开心。当然，真正的挑战是，面临着危险或在战斗中受了伤，如何能继续保持这种长期视角。**这一点，或许也是我们最大的障碍，恰恰就是学习之道的核心所在。**

* * *

现在回到校园象棋中，重点看一下哪些因素促成了我早期的那些成功。我曾提过，布鲁斯和我喜欢研究残局，而其他年轻的棋手则把注意力放在开局上。鉴于之前做的"整体"与"渐进"理论的讨论，我想就布鲁斯和我所采用的方法做一个更深入的说明。

回首过去，当时我只有6岁，是个十足的淘气包。在赢得我的信任后，布鲁斯以一张空白棋盘开始了我们的象棋学习。我们拿棋子布局，棋路简单，原则清晰。我们首先把重点放在王和对抗王的兵上，棋盘上只放三枚棋子。慢慢地，我对王的威力及兵的微妙作用有了很好的感觉。我学会了对抗原则、空白处暗藏的潜能以及迫移理念（把对手放到一个位置上，令其"牵一发而动全身"）。一点点地，我的知识根基不断加牢，我对于"如何把常识转变为创新性想法"有了新的理解。之后，

7岁到8岁的时候，我们用了很长时间研究车、象、马残局，探索我从来没有遇到的棋局的应对原理。这种学习方法让我认识到每枚棋子的精微与美妙之处，因为在相对比较明了的棋局中，我必须要把重点放在关键环节上。渐渐地，我糅和、吸收了一种很棒的学习方法：介于知识、直觉与创造力三者之间。无论是从教育还是技术的角度说，我都是从底层开始学起来的。

另一方面，我的大部分对手都是从学习开局棋路开始的。很多理论都是以象棋比赛的开局为起点，一上来就教孩子学习开局也是诱惑十足，因为在开局可以设置很多陷阱，让棋手可以迅速、轻松获胜。乍一听来，让新手学习开盘棋局似乎挺说得通的，何不从开头教起，尤其是这样可能会速战速决。而真相很简单：一旦从开局学起，你就没了退路，这一生都会用来牢记、更新《象棋开局百科全书》。这就像是会上瘾一样，具有极其危险的心理影响。

这就有点像是逐步养成了这样一个习惯：总是从老师办公桌上偷试卷，而不是学着解数学题。你可能会通过考试，但你其实什么也没学到，最重要的是，你没有领会到学习本身的价值和美妙之处。对于早早学习开局的孩子来说，象棋成了"结果"的代名词。你的棋下得好不好，你是不是很专心，你是不是很勇敢，这些都不重要。这些小孩子整天讨论着"四步将死对方"，并互相询问："你获胜时走了几步棋？"象棋变得一元化了：获胜和快速获胜。

通过背诵开局开始象棋教育的小孩子倾向于采取"整体智力理论"。他们与老师、父母和其他小孩子的对话只与结果有关，对努力却只字不提。他们自认为是胜利者，因为到目前还没有输过。在学校里，他们只会把注意力放在拿手的科目上，对于难一点的课程却是绕道走；在操场上，没把球投进去时他们就会用"我根本就没努力过"这样的"名言"

来搪塞。

一次我要到亚利桑那州为众多年轻棋手及他们的父母做演讲和即时展示，活动筹办方到机场接我，并吹嘘说他的儿子一年多来在象棋比赛中还没有失过手。很明显，全家人都对这一纪录感到非常自豪。我心里很清楚，又一个典型的"厌食寄生蟹"。后来我见到了这个小孩子，他是学校的最优生，但谈不上绝顶聪明。他学了一些快速开局进攻技巧，对基本的象棋战术有一种天然的感觉。很明显，他一开始下棋就获胜，自此周围的人就把他当天才捧着。这样一来，他只与朋友和棋艺比他差一点的人下棋（他最喜欢的对手便是他的爸爸，棋艺很差，根本就不是他的对手），对其他人则是一概不理。对学校里的伙伴而言，他就像是象棋之王，但与全国专业的同龄棋手相比，他还有很长的一段路要走。他不过是"小池塘里的一条大鱼"，但他喜欢这种状态。在我访问期间这个小男孩一直避开象棋。他不想在即时讲解中下象棋，也是本次活动中唯一一个抗拒指导的小孩子。他的获胜以及周围人不断谈论此事，这让他将自己封闭了起来，他害怕完美的形象会被击碎。这个小孩子已经被"整体理论"教条主义的不断灌输给毁掉了。

很多这样的小孩子都非常聪明，他们先是因为优质基因而卓而不群，但之后就遇到问题了。随着象棋比赛日益激烈，对手的反击更为强势，他们开始对比赛失去兴趣。他们努力避开挑战，但最终是现实的世界主动找到了他们。他们的自信心是那么脆弱，不堪一击。对他们来说，失败永远是一场危机，而不是一个成长的机遇。因为获胜所以成了赢家，但新的失败会让他们成为败将。

"开局痴狂症"的长期影响非常清楚，如果年轻棋手在这样的环境下长大的话，各种严重的问题也是立马可见的。正如一个人的职业生涯中避免不了沟沟坎坎，在个人比赛过程中也少不了峰回路转。我早期的对手中大多数都很有天分，他们准备了许许多多开局时用的陷阱。和这样的小孩子下棋就像是在雷区里走，幸好我能避开大部分危险。我通常在开局部分会遇到一点小麻烦，但之后就全盘掌控了。随着比赛的进行，我的对手逐步走出舒适的开局部分，而我却越来越强，越来越有自信。他们想在比赛开始前就一举获胜，但我喜欢你争我斗，这才是象棋的灵魂所在。无论是短期还是长期来看，这些小孩子注定会因为老师们强加的这种观念而止步不前。

象棋界里存在这样一个问题：学校里的很多教练每年都会带很多新入学的极有才华的孩子。这些孩子就像是工厂里的原材料一样。每年学校都希望老师们拿出成绩来，因为拥有一支全国排名靠前的象棋队是学校的光荣。因此教练们打造出了一群"整体理论"型、战术上极具天分、用凶暴的开局全副武装的年轻棋手。孩子们是否会在七年级遇到瓶颈并不重要，因为教练关心的只是小学组的比赛，而且每年都会有一年级的新鲜血液注入。很显然，父母在引导这些问题上，为孩子选对老师可谓是责任重大。

我曾用象棋阐述了"整体/渐进"动态，但这一问题对于任何领域里追求卓越的人都是至关重要的。如果一个年轻的篮球运动员被告知，取胜是赢家唯一要做的事，那么当他错过了第一个获胜机会的话就会萎靡不振。如果一个体操运动员或芭蕾演员被告知，她的自我价值离不开她那完美、苗条的身材，那么以后她怎样来处理伤痛，结束短暂的职业生涯后又将如何对待自己的生活？如果一位商人一直要培育、维护一个完美的形象，那么她又如何能从错误中吸取经验教训呢？

回想起自己的象棋生涯，我记得当初的失败，以及从失败中所学到的东西；我记得首场冠军大赛输给了大卫·阿内特；我记得在美国青年赛（21岁以下）上很快输掉了比赛，直到一年后才在这一赛事上取胜；

之后就是在匈牙利赛格德举办的国际象棋大赛（18岁以下）上的最后一轮比赛。我在一号棋桌旁，与一位俄罗斯人争夺全球冠军头衔，当时距离梦想仅一步之遥，对手建议平局，共同分享荣耀。我所要做的就是握手言和，但我还是拒绝了，想决出个胜负，最后却输了比赛，这对我打击不小。我生命中的这些时刻都饱含着痛苦，但正是这些痛苦的经历让我更有勇气，也拥有了更光明的前途。这些挫折教会我如何取得成功。**让我始终稳步前行的是我对学习的热爱，这在我6岁时第一堂象棋课上就在我心中深深地扎了根。**

第四章
走出舒适区

赢得首个全国冠军后，我的象棋生涯开始冲劲十足。对象棋的激情与热爱激励着我不断学习，再创佳绩。从9岁到17岁，我一直是全国同龄人中的顶级棋手。我赢得了8个个人全国冠军头衔，带领学校赢得了7个团队全国冠军，并代表美国参加了6次世界大赛。在这几年里，我有了很大的提高，同时，随着我对象棋精髓的深入了解，象棋艺术已成为一扇令人兴奋的自我探寻之窗。

那些年来我成功的关键原因就是棋如其人，在棋盘上表达最真实的自我。我本性喜欢闹腾，棋局越乱我越拿手。我向来喜欢雷雨、暴雪、飓风、怒海和鲨鱼区。自孩提时代起，残酷的环境更能激励我，作为一名年轻的棋手，我总能将关键比赛带入极其复杂的棋局，因为我有自信能超越对手，更有效地走出混乱局势。看似不合理的棋局我却经常能感觉到它内在的逻辑性——令人兴奋的象棋赛感觉像是在探寻暗藏的和谐状态。我是一个随性的人，不受心理因素影响，总是追求创新与飞跃。

无论是在哪个行业，体育也好，商业谈判乃至总统选举辩论也罢，对于一个顶级对手而言，最关键的优势之一就是掌控全局基调的能力。我的许多年轻对手们都更喜欢掌控棋局。他们根据牢记的棋局和我对抗，一遍遍地重复着开局篇。他们在意评分，计算着下一个成绩对自己的全国排名会有什么影响，这种务实的性格让他们在面对复杂混乱的棋局时无所适从，而我却是恰好相反。由于我接受了正规的象棋教育，并且出于对残局和疯狂中局的热爱，我通常能够把棋局导向自己拿手的方面。

我10岁那年事情开始有点复杂了，我几乎只参加成人赛事，只在全国及全球比赛中与小孩子一起下棋。这是一个很大的转变，因为经验丰富的比赛选手们经常能把棋局引向一场封闭的、有战略的战斗，这可不是我拿手的。在挖掘自身优势的同时，我还必须得表现出高端象棋中更抽象的因素，这样才能与更具经验的高手们进行超水平对决。肌肉受压迫后会更加强健，而好的棋手也会逐步提升对手水平。成人象棋世界让我成长很快，让我时刻反省，不断发现自身需要改进的缺点。和大人下棋有个好处就是，参加校园全国赛时信心十足——对手不过是些小孩子罢了。

参加公开赛也让我不得不承受另一个问题：耐力。在校园比赛中，一场象棋比赛很少会超出3个小时，而大多数成人赛中，每位选手必须要在2小时内走完前四十着（限时4小时）。之后一个小时再让每位选手走20着。如果棋着到位了，那么比赛可以无限期地进行下去，这对一个小孩子而说无异是"无期徒刑"。年纪大一点的棋手深知小孩子在长时间比赛里耐力不足，因此他们有时会故意拖时间，把我拖疲。一次在费城比赛，一个粗鲁的家伙竟和我下了9个多小时。我当时才10岁，他坐在棋盘旁拖时间，简单的几着也得走上45分钟。这太恐怖了，但从中也学到了教训。最重要的一点就是，我必须培养"头脑马拉松"能力。

象棋是一个永恒的挑战。在整个象棋生涯中，父亲和我不断寻找实力超群的对手，因此即使我能主宰校园赛场，但输棋也是家常便饭了。我相信这对于维持一个健康的比赛观念非常重要。尽管肩负的压力很大，但失败的恐惧感远不如比赛的激情更能影响到我。在我看来，在赢得首个冠军头衔前痛失的那场比赛让我开始了"风险竞技"。

这并不是说失败不曾让我伤心。在象棋比赛中被人击败尤其会让人感到痛楚。在比赛的过程中，每位棋手都将他的战术、策略、情感、体能、精神百分之百地用了出来，大脑因一个个高难度挑战而高度警惕，思维能力大大拓展，几小时不间断的专注思考使整个身体疲惫不堪。在一场激烈的象棋争夺战中，会有动荡起伏，会有几近失手，会有虎口逃生，也会有精准回击。当你的棋局在灾难的边缘挣扎时，你会感觉你的生命也遭遇危机。当你赢棋时，你就又一次存活下来；当你输棋时，就像有人把你的心挖出来并在上面猛踩。这并不夸张，输棋就是这么残忍。

这样就带来一个危险，表面看来像是"渐进理论"，实则不然。我曾看到很多人在不同的领域里运用着某种"过程至上"理念，并将其转化为"从未尽全力"或"我根本不在乎结果"这类借口。他们自诩已达到"无我之境"，只关注学习，不在乎结果，但这只是他们不敢直视自己的借口罢了。过程与目标的关系非常微妙，在此我想要认真说一下我对这个问题的感受。

读一些有关"整体"与"渐进"理论的对比研究不难得出这样一个结论：小孩子不应该有胜败的概念。我并不认同这一观点。如果这个小孩子在此后的人生里有了某种雄心壮志，一心想在某一领域中追求卓越，那么他在突然遇到困难时就会缺乏相应的处理能力。只专注于结果这当然不对，但如果能与长期理念保持平衡的话，短期目标就可以是比较有效的发展工具。过多的逃避结果可谓坏处多多。成功的道路绝非一帆风顺，否则岂不是人人都能当上冠军，因此我们需要做好充足的思想准备，应对沿途上的种种挑战，而真的遇到问题时，学会游泳的唯一办法就是下水。

我认识一个很聪明的小棋手，名叫丹尼，现在我们来看一下丹尼妈妈这期间的切身感受。这个7岁的小男孩很热爱象棋，一心用在了这上面。每天都要学习半个小时象棋，在网上下棋，每周到专家那儿听一次课。最近他开始参加校园象棋比赛，妈妈发现，因为比赛气氛，自己的心情也大受影响，起伏不定。她自己的状态因丹尼的输赢而上下波动。这位女性非常优秀、敏感、聪慧，她不想给儿子增加额外的负担。她对整体/渐进态势非常留意，所以丹尼输棋时，她就想告诉他输了没关系。但这很显然是有关系的。他输了棋，人也很伤心。告诉他这没关系无异于是在侮辱他的智商。那她应该怎么做？

事实上，现实生活中的这一状况在各行各业里都可以看到，而遇到这种情况时，大多数时候我们都自己做主。我们如何平衡长期过程与短期目标以及不可避免的挫败？言归正传。丹尼是个很聪明的孩子，并决定目前要把全部心思都用在象棋上。他喜欢接受其他年轻人的正面挑战，也喜欢每天都能有更多、更精准的想法。一个很棒的对手能让我们看到自己的不足，推动我们达到自身的极限。丹尼参加比赛是件好事，但最关键的一点是，他的心态要健康。

首先，正如前一章所述，丹尼妈妈每天应该针对丹尼的努力而不是结果做出反馈，这样她就可以帮助丹尼建立一种"过程第一"的理念。

她应该表扬丹尼的专注、这一天的努力练习以及所吸取的教训。当他赢得比赛时，聚光灯应聚焦那一刻以及之后的道路，而不是仅仅停留在荣耀上。另一方面，让小孩子（大人也是如此）享受胜利的喜悦不是坏事。父母不应该像机器人那样，看着小孩子兴奋得上蹿下跳，还要板着个脸说些"学习的路还很长"这种陈词滥调。我们经过辛勤努力而在某方面取得了成功，这时我们就有权享受成功的美妙滋味。在我看来，关键是要意识到，成功的美妙只是瞬间的感觉。甚至在我们吸气时它就走远了。在做深呼吸时，我们充分享受了成功的味道，之后呼气、吸收此次的教训并向着下一段旅程迈进。

丹尼失败时，问题就棘手多了。现在，他哭着从比赛室中走了出来。他全心投入却输了比赛。这一刻，他妈妈应该怎样处理？首先，她不应该说这没关系，因为丹尼心里比谁都清楚这有关系，这种谎言只会让他更加痛苦。如果没有关系的话，那为什么他还要努力去赢？为什么他要学习象棋，把周末都用在这些比赛上面？这有关系，丹尼心里很清楚这一点。因此，理解才是第一步。

我认为，这位妈妈应该先给儿子一个拥抱。如果他在哭的话，让他在她肩膀上哭个够。她应该告诉他，他让她感到多么自豪。她应告诉丹尼，伤心一点没关系，她非常理解，也非常爱他。失望是成功之路不可或缺的一部分。过了一会儿，等丹尼平静下来了，她可以问他比赛的状况。希望他们之前经常有过这类交谈，这样丹尼就知道他妈妈问的是心理方面，而不是棋路（几乎所有的失误都包括技术和心理因素，而技术的因素可以留到日后研究比赛时再说）。他是不是分心了？是不是走进了一个连环局，犯下了一连串的错误？是不是太自负了，或者没有耐心？是不是因为对方讲脏话而受到影响？是不是太累了？这样丹尼就对自己的心理状况有了认识，在长期的学习过程中，这个问题可以作为一个短期目标——这一类的反省是一项很健康的处理机制。通过上述对话，丹尼会意识到，每场失败都会让他成长。他会在心理上更趋成熟，对坏习惯也更加敏感。

一位真心的，懂得理解、不断鼓励孩子的父母或教练能够让一个野心勃勃的小孩子得到释放，不畏艰险、勇往直前。作为大人，我们要自己承担责任，培养一种健康、自由的思维方式。我们需要勇敢出发，全力以赴，胜不骄，败不馁。事实上，如果不尽最大的努力，我们便无法从挑战中有所收获。成长源于对决的那一刻。唯有推动自我，探寻自身能力的极限，我们才会收获，才会进步。

＊ ＊ ＊

作为一名棋手，在我成长的过程中经常会遭遇未知的局面。我的成长轨迹让自己的生活变得像寄生蟹一样，过一段时间就得换一个新壳。我必须得不断学习一些秘传的、一开始感到很不适应的新棋局。我会与最近从东欧或前苏联移民而来的威胁十足的新对手进行对决，也会不远万里，前往别的国家进行比赛，并要立即适应那儿奇特的文化与象棋风俗。

我记得11岁那年代表美国参加在罗马尼亚的蒂米索拉举行的世界大赛（12岁以下）。每个国家派出了自己的冠军参赛。我和爸爸在开赛当天好不容易找到了比赛地点，第一轮比赛时去晚了。最终从卡塔尔冠军旁边穿过去走到自己的座位时，时间已经过了30分钟，这对我可是大大不利。更糟的是，棋盘上的棋子我一个都不认得。罗马尼亚人为比赛选的这套传统棋具我根本看不懂。这是我从来没有遇到过的情况，就像是我童年时做过的一个噩梦，梦里我不知道怎么下棋，而摄像机就在我面前狂闪。那一刻我的心都悬了起来。

最后的结果是，我很好地处理了这一状况。我做了几个深呼吸，开始了第一步，整场比赛感觉是在"半梦半醒"的状态下进行的。和棋具不同的是，象棋本身已融入到我的身体中了。为了赶时间我下得很快，在脑子里算计着棋路（这点是平时训练时经常做的），并顺利地拿下了第一场。之后我用了大半个晚上适应棋子，并在接下来的两周里发挥得非常好。

在我成长的过程中，感情波折最大的一次就是11岁那年与我的第一位老师布鲁斯·潘道菲尼的离别。我爱布鲁斯，他就像是我的家人，但我进步得太快了，他已经无法再教我了。布鲁斯是全国象棋大师，近年来不太参加比赛，我快赶上了他的水平。我们找到了一位很棒的新教练，智利国际大师维克多·弗赖斯，他之后也成了我们全家的好友。与布鲁斯分别就像是失去了自己身体的一部分。

同年，我爸爸的倾心力作《王者之旅》在全球同步发行，详细描述了我获得首个全国冠军的历程，几年后这本书得到了派拉蒙公司的青睐，被拍成了同名电影。我在象棋界已是无人不知了，但现在，也正因为此，我肩上的压力也增加不少，在参加所有的电视节目时脸上都必须挂着小孩子那种可爱的笑容。在《今日秀》节目上，简·耶格尔问我是否想成为鲍比·菲舍尔，当时音乐响起来了，这意味着我有五秒钟的思考时间，我知道鲍比·菲舍尔很疯狂，因此我来了这么一句："不，我从来没想过再次成为鲍比·菲舍尔。"再次？这个小孩子到底在说什么？

我曾有过一段很开心的时光，非常天真，不受聚光灯干扰，而是一心投入到象棋中去。当然也会有失败的时候，而此时我会吸取经验教训，迎接之后的成长与挑战，对此我并不在意。我钟爱象棋，并以一种"我能"的态度挺过艰难时刻。刚满13岁没几天我就得到了"象棋大师"的头衔，打破了菲舍尔13岁零5个月的纪录。人们都在说我是未来的世界冠军，但我充耳不闻。我是一个对胜败看得很淡的人。对手们并不在意名气，他们只想击垮我，而我要做的就是保持现有的一切。

有那么几次难忘的时刻，让我深深地意识到，**荣耀与快乐或长期的成功并不相关**。我永远忘不了1990年赢得全国小学组象棋大赛冠军后走出比赛大厅的那一幕。那场比赛云集了全国1500名顶级选手。我刚刚才赢得比赛，现在一切就恢复了正常。我站在会议厅前四处张望，没有欢愉，一切和几天前没什么不同。我还是乔希，有很棒的父母，有一个很可爱的妹妹凯迪亚，和她一起玩的时候总是笑声不断。我喜欢象棋、体育，喜欢女孩子，也喜欢钓鱼。周一回到学校时，朋友们会像平时跳身投篮命中时来上一句"干得好"，之后一切就成为过去，大家一起去踢足球。

第五章
软区域

世界青年象棋大赛

印度，卡利卡特

1993年11月

坐在棋桌旁比赛时，我只有16岁。我汗如雨下，还要努力让自己在酷热中集中精力下棋。艳阳高照，空气停滞，房间里坐满了世界顶级选手。我从纽约飞来，代表美国参加本次世界比赛（21岁以下）。每个国家派出了全国冠军参加这次为期两周，象征着专注、耐力与战略的头脑马拉松，一场全力以赴的精神大战。爸爸和我提前一周飞到了孟买，接着南下参加比赛，在赛场，我邂逅了我的女朋友，她当时代表斯洛文尼亚参加女子组比赛。她是一个聪慧的女生，非常漂亮，好强、有个性，同时，她也是我的初恋。饱受折磨的爱情与比赛，这是个复杂的交集。对于一个顶级棋手来说，他可能会在赛场上很风光，但生活中却大不相同。残酷的比赛交织着深厚的友谊。每个选手都想击败对手，毁掉他们的生活，之后反思比赛，舔舐自己的伤口，吸取教训继续下一站旅程。

一方面，对手就是敌人；而一方面，没有人比你的对手更了解你，也没人比他更能挑战你的极限，或能如此不留情面地逼你成长、成就卓越。坐在棋桌旁，对手近在咫尺，你能听得到他的呼吸声，感觉得到他的每一次颤抖，也能感受到他的恐惧或喜悦。几个小时的时间里，你不断挑战对手的心理极限，而对手如影随形，寻找机会将你一举击败。全球顶级选手都在潜心研究这项神秘而又残酷的智力运动，之后，他们中最厉害的人就在前线进行厮杀对决。

现在，我身处遥远的异国他乡，在酷热中大汗淋漓，努力从摆在我面前的棋子中找到自己钟爱的艺术。在我上方，几千名观众爬在橡上观看，窃窃私语。我难以进入状态，与比赛的节奏合不上拍。就算是大师，有时象棋有家的感觉，有时却完全陌生，就像是要首次探索的外国丛林。我正努力寻找回家的路。

和我对决的是印度全国冠军，两人中间摆放的就是争来夺去的棋局。我们下了三个小时，并且思考了20分钟了。当时出现了一件奇怪的事。我一直在探索自己的出路，当时只是第一轮，我没有什么想法，棋子很陌生，棋局也很奇怪。约十分钟的思考之后，我开始在各种棋着里迷失了方向。这是一种奇怪的感觉。起初你坐在那儿看着棋盘，在思索着不同的棋路，在想透各种复杂局面时思路豁然开朗，直至这种意识消散，仅存的只是内在的能量流了。之后，思维以电流的速度在运作，复杂的问题凭着直觉迎刃而解，你越来越进入到了棋局的灵魂深处，时间飞逝,"我"的概念已不存在了,存在的只是一种幸福的专注,纯粹的思考,绝对的意识流。

突然这儿爆发了一场地震。万物开始震动,灯也熄灭了。屋椽在巨响中爆炸,人们跑出了大楼,我还静静地坐着。我知道发生了什么事,但我是从棋局内部来体验的。在"我"与"非我"、纯粹的思考与思考者的意识之间产生了一种超现实的合力,我并没有在注视着棋局,而是从专注的寂静中观察自己以及这个摇摆中的世界,之后,我解决了这个象棋难题。地震和熄灭的灯突然启发了我。我的思路一下子明朗了,一切浮出水面,于是很快逃出了颤动着的赛场。在回到赛场继续比赛时,我马上走了一着,最后拿下了比赛。

* * *

生命中的这种"千钧一发"的时刻让我开始认真探索起表现心理学的细微差异了。我曾通过一场地震达到了意识的一个新高度,无意中找到了棋局难题的解决方案。在本书中,我将逐步道出如何引发这种创新意识流。最终,通过系统性的训练,棋手便可学会如何收发自如地来做这件事。但作为一位年轻棋手,所要克服的第一个障碍就是要避免因突发状况而分心,比如像在印度那些天的比赛中我们一直饱受小地震的干扰。在行为训练中,首先我们要学着心平气和对待一切已发生的事;之后,我们要学着将这些事情为我所用;最后,我们要学着做到完全自给自足,创造出我们自己的地震,这样,我们的思维过程可以自己创造突破性创新想法,而无须通过外因刺激。

第一步就是要达到体育心理学家所说的"软区域"。将这个区域想象成你的表现状态。(本书第十七章《激发最佳状态》将阐述我的方法论,即,培养随意走进这一区域的能力。)

你正在专心做手头上的事,可能是一段音乐、一份法律文案、一份财务文件，或者是在开车，接着发生了一件事。比如你的配偶回家了，你的小宝宝醒了并开始哭闹，你的老板打电话对你提出了不合情理的要求，或者一辆卡车在你面前爆炸了。你的专注状态的本质会决定你的第一阶段的反应：如果你很紧张，用手捂着耳朵，整个身体紧绷起来，想阻止自己分心，这样你就进入了一个"硬区域"，即，要求有一个合作的空间让你正常工作。你就像一段干树枝，非常脆，随时都会在压力下爆裂。你要做的就是，静静地、高度专注，看起来很放松，脸上的表情很沉稳，但精神世界却是激流暗涌。你平静接受眼前的事，将生命中每一圈涟漪都融入自己创新思维过程中去。这个"软区域"弹性十足，就像柔韧的草叶，在劲风中左右摇摆，以顽强的生命力幸存下来。

　　古印度的一则寓言也能帮你认识到"软区域"的重要性，多年来这则寓言一直影响、启发着我。它讲的是，有个人想步行穿过大陆，但当时地球上布满了荆棘。他有两个选择：一是铺一条路，征服大自然；二是做一双草鞋。做草鞋是他内心的解决方案。像"软区域"一样，它不是将成功建立在一个"服从于他"的世界或一种无法抗拒的力量之上，而是建立于才智的准备与坚韧的意志力之上。

　　对抗分心的问题始于10岁那年。正如上一章所提到的，我对象棋的理解越加深入，因此开始转战成人比赛，比赛时间变长了，有时甚至要持续6到8个小时。小孩子很难做到在这么长时间里一直很专心，面临巨大的压力时，小孩子身上总会发生些奇怪的事。一天，在曼哈顿象棋俱乐部比赛的过程中，我正在努力应对复杂的棋局，这时，我突然想起了赛前刚听过的邦·乔维的一首歌。我试着将它赶走，静下心思考，但它就是不让人消停。起初还觉得挺好玩的，但很快，这首歌就毁了整场比赛。我无法思考，接连失误，最后以失败收场。

　　很快，这个问题成了我象棋生活里的"常客"。如果我在家或是在比赛路上听到了某一首旋律很优美的歌曲，那这首歌有时会连着几天在我脑中萦绕着，久久不去。这听起来好像微不足道，但对我而言却极具毁灭性：一个11岁的小孩子，坐在棋盘前与一位年长的象棋大师比赛，这时，《捉鬼敢死队》的主题曲会一直在我脑子里唱着。我越是努力让自己不分心，脑子里的声音就越大。小时候我一直以为只有我一个人有这样的问题，但近年来在作表现心理学的演讲时，我发现很多压力很大的棋手们都有类似的问题。

慢慢地，我变得越来越在意脑海中恼人的音乐声了，并开始被那些之前从没有注意过的噪音所困扰。在一个寂静的比赛大厅中，远处救护车或近处观众的耳语声都能让我崩溃。象棋桌旁滴答作响的记时钟就像是个警报器，在脑中隆隆作响。我一直饱受噪音问题困扰，之后有一天我突然有了一个大突破。当时我正在费城参加比赛，菲尔·柯林斯的一首歌在脑海中一直挥之不去，这时我意识到，我可以根据歌曲的节奏来思考。由此，思考棋局时我一直跟着歌曲的节奏走，整场比赛我下得很有激情。从这一刻起，我勇于面对困难，开始训练自己，让自己的注意力更具灵活性。我意识到，在顶级比赛中，我不能指望周围有一个安静的环境，因此唯一的选择就是，平心静气应对嘈杂声。

我的父母和妹妹成了我训练方法的受害者。一周几次，在卧室里下象棋时，我就把音乐放大音量。有时放的是自己喜欢的音乐，有时则不是。曾有几个月我大声放着梵文歌，这让我妹妹凯迪亚什么事都做不进去。家里的小公寓深陷于我古怪的训练理念，没想到他们竟一直容忍了下来。我的想法就是，无论是什么让我分心的事，我都能从容应对，处乱不惊。在这期间，也就是我十几岁时，我频频光顾家附近的象棋店，在烟雾缭绕中下快棋，要知道烟可是我一直痛恨的东西。我也常到华盛顿广场公园下棋，在这儿，旁观插话、嘲笑讽刺已成为比赛的一部分了。

那儿隔不开噪音，也挡不住烟雾，而我唯一的选择就是，将这个环境融入自己的创新过程中。所以，如果播放的是邦·乔维的歌而不是安静的古典音乐的话，我下棋时就会主动出击；而梵文歌则激发我对象棋有新的发现。和小时候一样，公园中人们的说话声可以激发我的斗志。我对烟雾也渐渐适应了。

到了十四五岁时，我的"软区域"训练开始接受考验。美国校园象棋排名赛因大量苏联移民的涌入而更加激烈。苏联解体后，很多实力很强的俄罗斯选手开始在西方寻找机会。这些小孩子接受过高水平训练，是非常优秀的棋手，曾在莫斯科和列宁格勒著名的"先锋官"学习过。这些新对手们都极为精通心理战术，让人不可小觑。（"先锋官"是前苏联兴建的青少年中心，有才华的小孩子在此接受培训。这些学校因输出极具职业水准的象棋选手而久负盛名。大多数"先锋官"因苏联的解体而关闭。）

一个更有趣的战术是一个俄罗斯男孩用的，和他下棋时可费了不少劲，直到几个月后才熟悉他的套路。他是一位劲敌，因此我们的交战总是非常激烈，但出于某种原因，我总在关键时刻不小心犯错。之后有一天，一位年长的保加利亚象棋大师，鲁迪·布鲁门菲尔德在马歇尔象棋俱乐部找到我父亲，问我们是否留意过这个小男孩对我做了些什么。我们说没有。他解释道，在对决的关键时刻，每当我静下心观察复杂棋局，想找到一个精确的解决方案时，这个男孩就开始在桌旁敲着棋子，几乎听不到声音，但节奏却悄悄地进入，并加快我的思维进程。这个微妙的技巧非常有效，我事后发现这是苏联催眠术和思维控制研究的成果。下一次我们下棋时，我很留意这一举动，并证实了，在关键时刻这个动作就出现了。我乐坏了。一旦我意识到所发生的事，就能够扭转局势，取得胜利。

俄罗斯其他一些年轻棋手可不玩这么微妙的伎俩，而是玩些践踏体育道德的小把戏。其中有一位选手，也是我多年的对手，他有一个习惯，那就是在比赛的关键时刻在桌底下踢我。此外，在比赛中途他还会起身用俄语和他的教练（著名的国际大师）讨论棋局。大家投诉过很多次，但没有什么措施来阻止他的作弊行为。因于语言障碍，没人能证明他们在讨论什么，而事实是，能否证明根本就无关紧要。讨论棋局倒是其次，重要的是心理上的影响。对手会觉得很无助，很冤枉，他们会觉得自己像是受害者，所以比赛还没到一半实际上就已经输了。我不止一次看到美国顶尖的年轻棋手被这个小孩子气哭，但这些肮脏的伎俩甚至还用到了国外。

1993年，我们都16岁，这个俄罗斯男孩和我一起前往印度，代表美国参加21岁以下世界大赛，由于他在比赛中公然作弊，有七八个代表团向美国队提出了正式抗议。来自全球各地的棋手们找到我，质问我美国人怎么能做出这种事来。我因与这个小孩及其肮脏的伎俩联系在一起而非常尴尬。

由于美国校园比赛的这种转变，很多与我同龄的棋手变得萎靡不振，纷纷退出比赛。俄罗斯的选手们实力很强，也对我们提出了全新的挑战，而美国的小棋手们不去适应他们的方式，提升自己的水平，却选择了退出。就我来说，这群新来的聪明的、善于运用计谋的对手也让我压力很大。我必须要捍卫自己的领地，而第一步就是要学习如何在不丧失冷静的前提下对付这些棋风不正的对手。有时，注意到心理战术就足够了，但说到踢人和公然作弊，我可得控制好自己的情绪了。在象棋的世界中，这些无礼的举动让人愤怒和吃惊。问题是，当我生气时，就进入不了比赛状态了。我试着保持冷静，但我的这个对手太嚣张了，他会把我逼到彻底恼火的境地，我也因此经常自行败下阵来。

我逐渐认识到，对这类状况的解决方案不应是否定自己的情绪，而是将其为我所用。不去压抑自己的情感，而是将其导向高度专注。坦白地说，当时我并没能弄明白如何能一直做到这一点，直到几年后，我进入武术生涯，当心术不正的对手试着踢我的膝盖，瞄准我的防御工具，或用头来碰撞我时，我才真正做到了这一点。（见十二章《利用逆境》和十七章《激发最佳状态》）

这些年我一直在研究这个问题。对于世界级棋手来说，思维灵活性是最重要，也最需要不断提高的特质。我自己也在不断寻找新方法，让自己在心理上越来越刀枪不入。当感觉不舒服时，我的本能不是要避开这种不舒服，而是淡定地对待；当受伤时——这是武术生涯中经常发生的，我尽量不吃止疼药，而是努力将疼痛感转为一种积极的感受。我的本能向来是寻找挑战，而不是避开难题。

这种内在心理活动在我们生活中频繁发生。我之前曾说过，我下棋的风格就是创造混乱局面，然后较好地走出混乱，战胜对手。这是我长久训练出来的成果，即，冷静地对待混乱、不清晰的局面，而大部分训练就存在于日常生活中。例如，从十几岁起，在打牌时我会把纸牌说出来，却很少动手摆。我把东西放得到处都是，然后在大脑中整理归类。我本来就不是一个讲究的人，这些年更是将这种不修边幅进行到底，故意把住的地方弄得一团糟，这样可以练习在脑中整理归类，以及面对混乱仍能陶醉其中。

当然，这一过程并不完整。在写这一部分时，草坪修剪机刚刚启动。几分钟前我起身关了窗，但之后坐回桌旁，又把窗户打开。很有意思吧。

第六章
旋涡效应

从我18岁那年开始，我在纽约市的公立116学校当了四年的国际象棋指导老师，我的学生们既年轻又聪明。一个班级通常有大约15个孩子，其中有6个二年级的孩子是这个班级的核心，他们不但彼此是要好的朋友，而且都对国际象棋的学习有着相当的热情，也正是这种热情使得他们的调皮喧闹显得微不足道。我们一起度过了一段很愉快的日子，是我看着孩子们一步步地成长，最终这个团队成了市冠军，州冠军，并在1999年第五届国家国际象棋锦标赛上获得了幼儿组排名第二的好成绩，更棒的是，班里有两个孩子还赢得了国家赛的个人奖项。这些年来我从这些孩子身上学到的东西并不亚于他们从我这学到的知识。相比较于那些追逐名利的野心，正是这些孩子们与生俱来的、未被世俗玷污的好奇心打动了大多数年长于我的强劲的国际象棋竞争对手们。

在我的教学理念中，其中有一个是关于连续犯下错误以后恢复清醒头脑的重要性，这一点对于所有的国际象棋选手以及他的竞争对手都是很难做到的。犯了第一个错误并不会导致什么可怕的后果，但是接踵而来的就像湍急旋涡一样的第二个错误，第三个错误，甚至第四个错误却会导致一系列灾难性的后果。运动爱好者们都经历过这样的情况，在足球、篮球、棒球等比赛中，由于在心理上优势的转变而导致比赛输赢的变换。每当人们谈论动力的时候，都把它当成一个实体来说，好像它是一个在赛场上无法预料的选手，从我个人的竞赛经验来看，我发誓它确实是像人们所说的那样。关键是当情绪波动使你变得盲目的时候，你要懂得驾驭情绪波动并且去把前面提到的那位选手引进你的团队；当你清醒的意识开始变得模糊的时候把它拉回沉着冷静的状态。

对于年轻一些的国际象棋手来说，在充满了竞争的生活中，旋涡效应占据着支配性的地位。比赛一场接着一场，初学者在第一个错误发生以后就变得一蹶不振了。稍微年长的熟练选手所犯的错误会更加复杂，但是由一个错误引发的新的错误却往往是致命的。想象一下你自己处在如下的情景当中：

你是一名技艺非凡的国际象棋大师，正在进行一场关键的比赛并处于优势。在过去的三个小时里，你一直向你的对手施加压力，步步为营，几乎把他逼到了无路可退，你让现场的气氛十分紧张，你努力寻找那决定性的一刻，要把你的绝对优势转化成胜利。可是正当这个时候，你无意犯了一个小错误，使得你的对手扳平了局势。其实被扳平了局势并没有什么大问题，但是你产生了一种强烈的情绪，要在这场比赛中占据主导地位。前后不同的局势差异就像一道令人不安的深渊，让你开始心跳加速。

在比赛中，棋手们总是在不断地估算各种各样的变化，根据他们把当前局势与之前局势分析比较出的结果，选择接受或放弃变化。因此，如果当你正处于优势的时候犯了一个错误，却仍然坚持认为你还拥有优势，那么当你计算一个看上去很平常的变化时，你就会选择拒绝接受一条思路，而这条思路正是你错误地以为它不可能是正确的那一条。试想有一个气势下滑的选手，在比赛中拒绝了他本应该接受的变化，并且还凭借空虚的过分自信硬要去争取一些根本不存在的东西，在这种情况下，旋涡效应的结果会是如何呢？站在高处来看，在势均力敌的情况下过分迫切地要求赢，结果往往是输。

作为一个竞赛者，我已经慢慢理解了**输赢之间的距离是很微小的，有很多办法都能将胜利从失败的手里夺回来**。所有伟大的选手都深知这个道理。一流的演员经常会在表演中忘记一两句台词，但是他们总是能用即兴的表演让一切都回到正轨上来。观众们几乎注意不到这样的小事故，这是因为表演者十分完美而放松的表演，他们如同蜻蜓点水一般将发生的错误一带而过，随即进入剧本宁静的意境之中。更令人印象深刻的是，那些真正伟大的表演者们能够把握住那种时刻，让错误为他们所用，用那闪耀着紧迫感和生命力光辉的即兴创作演出来提升自己的表演水平。音乐家、演员、运动员、哲学家、科学家、作家，他们都明白，杰出的作品通常都是从小的错误中得来的。如果这个表演者完全依赖于绝对完美的或者会一直重复的安全感的话，就会出现一些问题。如此这般，一个错误能引发出恐惧、冷漠、半信半疑以及困惑，而这些都将危害到决策的制定。

我时常告诉我年轻的学生们要注意旋涡效应。我教导他们在比赛中，在关键的时刻，保持冷静是可以转败为胜的，另外我还教了一些具体的策略给他们。很多时候，孩子们只需要做两到三个深呼吸，或者在脸上拍点冷水，就可以把那些不好的状态都赶走。还有的时候，必须使用更加戏剧化一点的办法了——假设在一个激烈的对战回合里我感觉到头脑迟钝，这时我就会离开比赛大厅到外面去快跑50米。这个办法也许在旁人看起来十分奇怪，但是它能像冲冷水澡一样完全地赶走我的坏情绪，然后在我重新返回赛场的时候，虽然身上汗湿了，但我又拥有了一份崭新的心境。

作为一个年仅18的少年，当时的我还没想过要完善我的方法论，但是我当时已经认为，避免一系列混合错误的连锁反应是具有广泛应用性的。而之后在我的生命中发生了一些事情，驱使我把这条规则深深地烙进我的灵魂里。

我有一个习惯，每个星期三都会步行两公里去公立116学校，一路上我一边思考有关于课程的问题一边欣赏这沿途的城市风光。那是一个秋天的下午，我出神地走在第33街，往东走向学校的方向。在曼哈顿生活过的人都很清楚地知道，过马路的时候要仔细看清左右两边的路况。有人开着汽车闯过了红灯，大多数骑自行车的人都在单行道上逆行，而司机们早就已经习惯了要在拥挤的市中心地段躲避熙熙攘攘的人群，大部分的纽约人也早已经对警报器发出的刺耳声音，高音喇叭的声音，还有在我们面前仅仅十英尺距离远的那些飞奔而过的出租车见怪不怪了。世界正常有序地运转着，然而总有些不对劲的事将要发生。

我站在那里，被市中心涌动的人潮包围着，在等红灯的同时还在想着待会准备跟我的学生们讨论的问题。有一个漂亮的年轻女孩站在离我几步远的地方，她戴着耳机听着音乐，身体不时地随着音乐轻轻地摆动。我注意到她是因为我听到了从她耳机里传出来的音乐鼓点声。她穿着一条灰色及膝裙和一件黑毛衣，脚上是一双典型的曼哈顿办公室职员穿的白色运动鞋。突然，她朝着迎面而来的车流往前踏出了一步。我猜她一定是被这单行道给搞糊涂了。就在她迈出这一步的同时，一辆从天而降的自行车朝她冲了过来，那位骑自行车的人在最后关头努力刹住了车，尽管如此，自行车还是轻轻地撞上了那个女孩，但是没有什么大碍。在我的记忆里，时间在那一秒暂停了。这是那个女孩的一生之中生死攸关的关键时刻。当时如果这个女孩能够及时退回到人行道上，她就能避开这个小意外而毫发无伤，然而取而代之的是，这个女孩转过头来咒骂着那个快速蹬着自行车离去的人。

到如今我仍然能清晰地回想起当时的她，背向车来车往的33街和百老汇，对着那个骑自行车的人大呼小叫，而正是这个人刚刚奇迹般地刹住了自行车，让她没有被撞个四脚朝天。这是一个在我的记忆中被永远封存起来的画面。这个时候，一辆出租车从同样的路口快速地开了过来，把她撞飞了出去，像一条抛物线一样飞出了近十英尺远。那女孩狠狠地撞上了一根街灯柱，不省人事地躺在一片血泊之中。直到救护车和警察赶到了现场，我才继续往学校走去，心里祈祷她能熬过这一关。

当我到达了学校，我依然被刚才看见的惨不忍睹的场面给吓得有点精神恍惚，我感觉到一种强烈的渴望，令我想要与我的学生们分享我对这个故事的一些感想。我在讲述的时候省略掉了对那个女孩严重伤势的详细描述，而是采用了一种能够打动学生们的方式来将生命与国际象棋联系了起来，其实这是一个本可以避免的悲剧。我向学生们进行了详细分析，那个女孩所犯的第一个错误是，她因为走错了路才拐进了那条车流熙攘的马路。也许戴着耳机的她完全进入了自己的世界里，所以她才一点也察觉不出来事情的突发性。那位骑自行车的人原本应该成为一个警钟的。女孩并没有受什么伤，但是她没有从这个小事故中机警地做出正确的反应，而是去跟骑自行车的人生气地理论，就这样，她的勃然大怒取代了镇静的理智。女孩的这些反应惊人地和棋手的旋涡效应互相对应——在错误发生了以后，人会习惯性地呆在之前的情感舒适区域，可是也会产生一种令人不安的预感，事情已经变得越来越糟糕了。这就如同一个最明智的思想家突然之间陷入了自己与自己的战争中，失去了如流水般流畅的思考。我时常在脑海里想象，有两条线在空间中互相朝着对方的方向平行运动，其中一条线是时间，而另外一条则是我们对于某一瞬间的感知能力。我将双手比作那两条线在空中平行运动，给我的学生们做演示。当我们处在当下的某一个时间里，我们正好赶在了时间爆炸性发展的前面，然而当我们出了差错并且思想还停滞在过去那一刻时，就会出现这么一个断层。时间在继续流逝而我们却停滞不前。突然间我们清醒过来又能活动了，我们或者正玩着国际象棋，也或者闭着眼睛正要穿过那条马路。然后就出现了那辆出租车。我深信，那堂课是我上过的最动人的一堂。

三年后，我和我的学生们一起，去了位于田纳西州的诺克斯维尔参加全国锦标赛。孩子们当时上五年级了，他们是当地实力最强的一支队伍。在联赛进行到最后一个回合的时候，我们都对冠军的争夺感到身心疲惫。我在联赛赛场的场外跟孩子们的家长一起等待。以前假如我没有参加竞赛，我总是会对这样的大型赛事感觉无关痛痒。但是由于这些年以来，我一直指导这些孩子们下国际象棋，看着他们一个个茁壮成长，成为生气勃勃的国际象棋赛手，我对于只能在赛场外干坐着等待结果而感到备受煎熬。从这样的经历中，我终于明白了为什么当年我的父亲坚持认为旁观者比参赛者更加紧张，事实证明他是对的。

怀着这样的心情，我等着我的学生们走出赛场，不管他们会兴高采烈，还是垂头丧气。伊恩·弗格森出来了，他是一个心思缜密的男孩，经常作自我反省，并且对国际象棋有着奇特的天赋。他赢得了那场比赛的胜利，向我跑过来，我们兴奋地互相击掌来庆贺他的胜利。他跟我说："乔希，我告诉你，我差点就输了。我走错了一步棋，输掉了我的象，而我的对手面带着微笑令我非常沮丧,我拿起了我的后,就在我准备出棋的那个瞬间,我想起了那个女孩和那辆自行车的故事!"

当时伊恩即将要出的那一步棋很有可能会输掉他的后,进而输掉一整局,然而他突然间记起了在他大约7岁那年上过的那堂课的内容。他用力做了几个深呼吸,抛开所有脑子里的杂念,把意识重新拉回到现实中,让自己恢复镇定,就这样在全国锦标赛上,他赢得了那一场关键的比赛。

第七章
面对本能反应

电影《王者之旅》上映的时候我只有16岁，那时的我所向披靡，屡战屡胜，成为那一年美国最年轻的国际大师。我在16岁和17岁时两次赢得了美国21岁以下锦标赛的冠军，并且在我17岁那年，我以微弱的优势赢得了世界18岁以下国际象棋锦标赛冠军。在旁人看来，我似乎是不可战胜的，但是在我内心深处，我只是一个无法承受这一切的孩子。

当我强迫自己去适应刺眼的媒体聚光灯时，我和国际象棋的关系逐渐变得不那么自然了。我发现自己不是为了对象棋的爱好，而是为了实现好莱坞梦想而下棋了。我意识到了被荣誉和奉承分散注意力的危险，因此我努力想要集中注意力，但终究还是没能成功。有越来越多的象棋爱好者们到赛场来看我比赛并向我索取签名。漂亮的女孩们冲我微笑示意，还给我她们的电话号码。象棋大师们笑得假惺惺，他们都想占据我的头脑。我生活在两个世界里，穿梭在各种赛事中，这让我产生了一种很怪异的分离感。有时候我似乎在对面的房间里下棋，却又能看见自己在思考。

这一时期，我开始在一位俄罗斯象棋大师那接受训练，他要求我在国际象棋的领域里必须具备更加严谨的风格。他是一个很可爱的人，像所有我们可能接触到的人一样——有文艺气质，富有同情心，风趣——但是在国际象棋的世界里，我们俩却不怎么合得来。他是一位热衷于使用见效慢但却精巧的方法来下棋的系统化战略家。我是一名富有创造力的攻击型的棋手，喜欢国际象棋疯狂的那一面。我以鲍比·菲舍尔和加里·卡斯帕罗夫的精神为指导来下棋，在下棋时把自己逼到边缘，而现在我的新导师要求我把自己投入到相反的感觉中去。我们深入地观察和学习了那些伟大的防御型国际象棋选手，研究了很多彼得罗相和阿纳托利·卡尔波夫的对决。阿纳托利·卡尔波夫是前世界冠军，他是一个与众不同的人，好像连他呼吸的空气都跟别人不同。他们在对决中各自地发挥出强大的力量，这两位高手一下起国际象棋就变得像蟒蛇打架一样，总是要设法先发制人，不断进攻，直到把对手打击到濒临崩溃，只能苟延残喘。

我刚从中找到一点乐趣，令我烦恼的事情发生了，作为一名棋手，放弃自己的本能反应的后果让我顾虑重重。导师不许我跟着感觉走，他让我问问自己："遇到这种情况，如果是卡尔波夫的话，他会怎么办呢？"然而比较我与卡尔波夫，他的血液是平静的而我的是沸腾滚烫的，当他在努力搜寻细微的战略优势时，我却渴望得到一种疯狂的动力。每当我试图以令导师满意的方式下棋，国际象棋就会变成一个陌生人，好像我的脑袋被塞进一块的厚重的云，我根本看不见任何变化。我作为一名年轻冠军的那些实力，例如前后一致性，在竞赛中保持沉着冷静，聚精会神有专注力，劲头十足，有热情，有丰富的创新能力等等，都变得难以捉摸而让我力有不逮。尽管我依然钟爱国际象棋，它却好像已无法在我的生命中延续下去。

当然了，当时也正是我要从一个男孩长成一个男人的时期。我的国际象棋生涯变得更加复杂，与此同时，随着年龄的增长我也健壮地成长。我高中的最后两年是在专业儿童学校度过的，这是一个令人兴奋的学习环境，在这个学校里面学习的有：一些年轻的天才演员，舞蹈家，音乐家，击剑手，一个年轻的企业家，一些体操运动员，还有我这个国际象棋选手。在专业儿童学校里的每一个人都有所追求，很多学生因为他（她）从事的电影职业或者出演过的百老汇角色而远近闻名。学校给予了我更多的自由，允许我在去很远的地方完成国际象棋比赛之后，还有机会可以把落下的课程都补回来。此外，这里的教育水准也是一流的，我记得上过一堂写作课，授课的是一位名叫雪莉·斯科兰的优秀女老师，那堂写作课成了我一生中最鼓舞人心的一堂文科学术课。

我喜欢阅读海明威、多斯托夫斯基、海塞、加缪和杰克·凯鲁亚克他们的作品。当我出去跟女孩子们约会时还在沉思默想着，我花费了许多年守在棋盘边上，现在却一心在想要如何把我的心和灵魂从棋盘上那64块方格里释放出去。在社会交往方面，专业儿童学校帮助年轻的名人与狂热的粉丝们保持必要的距离，这一点的好处就是，我可以如释重负地在专业儿童学校里茁壮成长，然而在我的职业生涯中我却倍感压抑。接踵而至的名声让我感觉措手不及，我热爱艺术但却越来越疏远它，这些都是令我非常渴望逃走的原因。在我高中毕业后，我延迟了去哥伦比亚大学的入学时间，起身去了东欧。后来我爱上了一位斯洛文尼亚的女孩，于是决定了要花费一点时间用在途中。

这是生命中一个充满激情的萌芽阶段。随着我长成一个20岁的大小伙子，我与国际象棋的关系被注入了一种老练世故的意味。我不再拥有像我早期职业生涯里拥有的那种动力。我要去与心魔对抗，自我怀疑和疏离感是存在于我现实生活中的一部分，而在欧洲游历的时候，我才终于摆脱了在家乡作为名人的沉重压力。

我带着我的笔记本和旅行背包，一边研究国际象棋和文学一边环游世界。我把家安在一个叫做Vrholvje的小村庄里，它掩藏在斯洛文尼亚南部的山脉之中，从那这里可以眺望到意大利的北部。我过着非常浪漫的生活，在树林里长时间地漫步，对国际象棋进行了更深层次的发掘，从我与阿姆斯特丹、克里特岛和布达佩斯的国际象棋大师们比赛中，品味那些隐藏其中的微妙之处。然后，在一段时间的繁重研究工作之后，我会启程去到一个很远的地方参加另外一场盛大的比赛。

这些年来，我发现我与国际象棋之间出现了一种的全新的私密而又紧密的联系。我孜孜不倦地研究国际象棋，现在一直鞭策我不断进步的不是壮志凌云的野心，更多的是探索自我的渴求。虽然我对国际象棋的认知变得越来越彻底，但是我在竞赛中仍然表现不稳定，有时候还会弄巧成拙。每次在动身要去参加锦标赛之前我一直都不开心，因为我更喜欢这种浪漫又自省的生活方式。为了让我的新知识在棋盘上得以发挥，我必须找出一个办法，把我从沉重的包袱中解放出来，于是我就发明了一种方法，那就是把象棋和生活在我的生命中合二为一。

在我职业生涯的这个阶段，除了写书以外，我依旧是一名拥有众多世界级对手的强劲的国际象棋手。每一次比赛都充斥着各种错综复杂的因素，和长时间不断攀升的紧张气氛。我和我的对手都不停地互相制造出各种巧妙的难题，与此同时，持续不断地制造棋局的压力，直到让棋盘和对手的理智都好像快要断裂了，并在濒临爆炸的边缘瑟瑟发抖才善罢甘休。通常来说，在技术上占优势就能够决定输赢，但是更常见的是有一些人会精神崩溃，好像是在体内的一个微小的弱点突然之间在棋盘上爆发了。

这些技术和意志交锋的时时刻刻，我用它们来指导我对国际象棋的学习研究。在一场有九轮回合的象棋比赛中，我走到了大约四到五个临界位，但我却对这几个临界位并不十分理解，或者是在某些临界位上我出错了棋子。每场比赛一结束我都会立刻把棋局输入到我的电脑，并且记录下来我的思考过程和在对峙的不同阶段出现了哪些心理反应。在比赛结束后，我带着全新的认识回到Vrholvje继续研究那些关键的时时刻刻。

我在导言的部分提到过"学习数字以摆脱数字"。通常漫长的研究过程会这样进行：我从参加过的比赛中的临界位开始着手，当处在临界位时我的直觉还没有意识到挑战。最开始的时候，我的理智就像是一个要在寒冷的冬天早晨跑步的人——他僵硬着身体，十分沮丧，似乎在对即将要开始的慢跑表示出相当不满的情绪。我开始出棋，在双方对峙中召回我的攻击意识和万事万物皆有联系的想法。我尝试着去挑出对手棋位的缺点，然后挖掘出对手防御的更深层次的来源，在比赛过程中我始终在消化和总结归纳之前不太明白的不断进化发展的结构性动力。随着时间的推移，我浑身的血液开始沸腾，汗如雨下，我渐渐适应了思考的节奏，沉浸在无数不断变化的复杂棋局中，就如同我钻研电脑是怎样计算上亿的数据一样。我的思绪如飞一般自由地奔跑，越跑越快，直到我在棋局之中忘了自我。有时候我会一动不动地坐上五六个小时来研究，也有的时候是每个星期都要花上三十个小时来研究。我就像是在一个迷宫里生活、呼吸和睡觉，突然有一天所有错综复杂的谜团都解开了，我于是恍然大悟。（对于"学习数字以摆脱数字"和"学习形式以摆脱形式"的理解是十分关键的。我描述了一个过程，在这个过程中技术上的信息被归纳成为一种天生的智能。有时"数字"指的是字面上的数字，有时指的是原则、类型、变量、技术、思想等内容。有一个关于这个过程最好的例子，它在实际上包含数字的意义，那就是初学者在入门的第一堂国际象棋课。所有的棋手都清楚地明白一点，棋子存在数量上的相等关系。象和马都等于三个兵，车等于五个兵，后等于九个兵。初学者会用手指或者在心里面默默地计算他们之间在数量上的变化。用不了多久他们就不会再数了。这些棋子会构成一个流动性和完整性更强的体系。他们在棋盘上移动，就如同军队在战地里行军作战一样。以前被认为是数学方面的难题，现在都成了一种直觉。）

当我思考着在我比赛中出现的那些临界位时，那些原本在几周，几天或者几小时以前让我感到困惑不已的东西，现在都变得显而易见了。我看到了最完美的出棋招法，感应到了正确的规划，也彻底理解了对棋局的估算过程。这种感觉难以言表。它更像是大自然的一分子，像是一圈圈水面上的涟漪，或是一阵阵轻柔的微风。我对国际象棋有了更强烈的直觉。这就是我对于"学习数字以摆脱数字"的研究。

由这个研究方法后续而来的是，我开始能够在对国际象棋的跨越性飞跃的理解过程中和我的不断发展变化的世界观中找到一些联系。在我研究临界位的过程中，我把我在比赛中的情绪波动都记录了下来。我试图去解释，在一场接着一场的比赛中，精神上的紧张程度是如何随着象棋局势发展的紧张而节节攀升，在棋盘上，一个小小的错误通常反映出各式各样的精神上的崩溃。几乎一成不变的是，在一场既定的象棋比赛当中，我都会一直反复地出现一种精神上的紧绷，然而开始引起我注意的是，我在棋盘上面犯下的错误经常会以其他的方式出现在我象棋以外的生活中。

举例来说，当我住在斯洛文尼亚时，我总是被那种一直在路上的冒险精神所吸引，我不停地旅行，写作，去崭新的地方进行探索，尽管如此我依旧思念着我的家。除了我的女朋友，我几乎不用英语同别人交流，只用一些结结巴巴的西班牙语，或者不太流畅的意大利语。我是这样一个飘荡在陌生国度的异乡人。从另外一方面看来，在Vrholvje的生活却也让我感觉到如家一般的自在。我热爱着那迷人的乡村生活和那段自我深思反省的日子。但是大约每个月我都会离开斯洛文尼亚一段时间，一个人起身去往匈牙利、德国或者荷兰，去参加令人筋疲力尽的为期两周的国际象棋大赛。每一次的旅程都是一次探险，实际上，在最开始的时候我一直不能停止思念。我想念我的女朋友，想念我的家庭，想念我的朋友们，想念一切。我觉得自己就像是风中的一片落叶，随波逐流，永远是孤身一人。最初的那几天总是最难熬的，但是之后我会在那个陌生的城市里找到自己的方向，让自己度过一段美好的时光。其实我只是不知道要如何去接受变化。

令人惊奇的是，我的这种对变化不知所措的反应，在象棋上也清楚地表现了出来。有一段时间，几乎我在国际象棋比赛里发生的所有错误都紧紧跟随着或者预示着日常生活中一场重大的变故。举个例子来说，当我精心布了一场棋局，使用了大量的错综复杂的策略，精心策划出长期战术，并且不断制造紧张的局势，而突然之间当所有你死我活的对决爆发演变成一种具体而强势的战术时，我在这时就会放慢脚步来适应我一手制造的新局势。又或者是，如果我进行的是一场战术型的比赛，当局势突然转变为一场抽象的最终决战时，我会继续推测棋局，而不会停下来做几个深呼吸然后制定出一个长期的战术方针。如果实际局势与准备好的开棋分析结果相悖的话，我对于接下来要做的第一个重大决定总是感到困难重重。我在比赛时的心理状态是要紧紧把握住当下，而出现这种情况的主要原因就是我的思乡病。当我最终发现了这样一个联系的时候，我克服了不管是在国际象棋，还是我的人生中对于变化的重重困难。在各种国际象棋的比赛中，当双方的对峙发生性质上的改变时，我会先做几个深呼吸来使我的头脑变得更加敏锐。而在现实生活中我一直致力于去接受变化，而不是去与之抗衡。正是怀着这样的想法加上相应的行动，不论是我在是象棋生涯里的弱点，还是我的个人生活中的缺点，都统统转变成为了一种能力。

一旦当我认识到一个竞赛者往往会在强大的压力之下暴露出他深埋于心底的秘密这一点时，我对国际象棋的研究就成了一种心理分析。我借助国际象棋挖掘出了我最难以捉摸的弱点，也挖掘出了我个人的一面和具有艺术气质那一面之间的联系。这个心理学上的主题包含了一系列的内容，例如各种过渡性的转变，能够复原的专注力，意识的流动性，控制力，对未知事物的迅速转换，对高压的忍受能力，旋涡效应，当身体或者心理感觉不适的时候要保持头脑冷静，忍受疲劳感，情绪的波动，另外还包含了在国际象棋中走的每一步总是会对应在生活里的某一点的某一时刻。无论何时当我发现一个缺点，我都会去接受它。

我对我的竞争对手也做了详细的研究。就像我自己一样，在生活中他们在心理上的细微变化都会投射在棋盘之上。我会观察我的竞争对手，看他在等电梯的时候不耐烦地蹭脚，或者在用餐时仔细地研究他餐盘里的豌豆。假如有这么一个人，他有很强烈的控制欲，喜欢在实际行动之前把一切都计划妥当，面对这种人我的应对办法是将棋盘上棋子的位置故意安排得很混乱，让他无法计算，这样他就会从那种不安的感觉中跳跃到一种未知的境地中去。再假如有一个凭直觉来出棋的对手，他出棋的速度很快并喜欢精练的棋路，在这种情况下我就会把我的每一步棋都下得很精确，使得接下来这盘棋的唯一出路都淹没一场需要耐心的，使人头脑麻木的数学计算之中。

在我20岁那年我回到了美国，更加热爱对象棋的研究了。对我而言，象棋拥有无穷无尽的魅力，它蕴含的意义大大超出了输和赢——我的主要目的不再是追求高超的棋艺，而是通过对象棋的研究学习来探索自我。我把艺术看作是一项运动，它朝着真理的方向渐行渐远，就如同我在穿越一个隧道，我越是往前走那隧道就越来越深邃，越来越宽广。我对象棋这个游戏了解得越多，就越能体会到还有无数的知识是我们所不了解的。我就是这样一路走来，怀着一颗谦卑的心和对神秘莫测的象棋深切的崇敬之情，从每一段美好的岁月中走了过来。渐渐地，在我的工作中，与残酷难耐比起来，我更多感受到的是温馨。

　　当然，生活不可能总是一帆风顺，光鲜亮丽。我的个人成长成为我那段一直在路上的生活的重点，而回到美国后我又重新回到了聚光灯之下。棋迷们再次涌进了我比赛的赛场，大家都期待着我能够胜利地完成任务——然而就像是正处在两个贝壳之中的寄居蟹一样，我正处在一个成长阶段上。关于象棋的全新哲学方法在精神上激动着我，而这种新方法对一个年轻的竞赛者而言也是会有一定程度的损害的。那段年少轻狂的，总是自豪地认为自己什么都懂的日子已经一去不复返了。我变得遇事谨慎自省了，但却缺少了那份独一无二的特质，正是那种特质一直驱使着我全身心投入到国际象棋的研究和学习当中去，并令我成为冠军。作为国际象棋的学习者和热爱者，我可以自由自在地翱翔，而作为一名艺术家和表演者，我却被紧紧缚住了手脚。

第八章
用战术意识改造理想主义

　　马克·德沃斯基和尤里·拉祖维是俄国国际象棋学校的主要负责人。他们两位被大众评为全世界最伟大的国际象棋指导者，这两位大师为将年轻的天才棋手培养成世界顶级的参赛者奉献了一生。他们都拥有数目庞大的能训练出高水准参赛者的原版教育材料，你几乎找不出哪位国际象棋大师是从来没有被这两位伟大的指导者影响过的。在16到20岁之间，我曾经有过机会能跟这两位传奇一般的教练进行密切的接触，我认为对于所有努力学习的人来说，他们两位独树一帜的教育风格所引申出来的意义是非常重要的。他们两位对我来说也是至关重要的。

　　与尤里·拉祖维见面会让你感到非常平静。他拥有一种佛教僧侣般谦卑而平和的气质，总是带着一种亲切而又稍有嘲讽的笑容。如果需要做出一个什么决定，例如在哪里吃饭，他就会耸耸肩膀，很礼貌地暗示什么样的结果他都乐意接受。他的语言也同样抽象得捉摸不透。他温和的评论听上去像是佛家禅语，而与他交谈总像是如沐春风，令人受益匪浅。当把棋盘拿出来的时候，拉祖维的表情习惯性地表现出一种放松的专注，而他的眼神开始变得锐利起来，如同刀刃一般敏锐的思考就要出现了。如果要对拉祖维进行一番评价的话，我不断地感觉到通过我每下一步棋，他都能看穿我心底最深处的秘密。在与他共事的仅仅几个小时之后，我有一种感觉，他对我的了解已经几乎比我生命中的其他所有人都要透彻。这种感觉就好像是我在与星际大战里的尤达大师比赛下棋。

马克·德沃斯基的性格十分与众不同，我深信他是世界上最重要的一位专业国际象棋作家。他的著作包括了大量为世界顶尖参赛者而准备的训练规划，并相继被全世界范围内许多国际象棋高手们虔诚地研究学习。研读一本马克·德沃斯基的大作需要花费好几个月的辛苦努力，因为他的著作都是厚厚的一本，里面蕴藏着许多有关于国际象棋的重要思想的更为深奥的内容。我在马克·德沃斯基的书上面辛勤地花费了上百个小时的时间，我绞尽了脑汁，每一个学习的阶段都让我彻底筋疲力尽，但是他的作品也同时给予我一些与众不同的对国际象棋外围的无穷潜力的新认识。总而言之，这个人是个天才。

在现实生活中，德沃斯基是一个体格魁梧的高个子，他戴着一副厚厚的眼睛，很难见他洗澡或换衣服。他的社交能力非常糟糕，当他在没有谈论象棋和下棋的时候，就像一条在沙子里啪嗒啪嗒打滚的大鱼一样跟这个社会格格不入。那年我才7岁，在莫斯科的第一届卡斯帕罗夫－卡尔波夫世界锦标赛上见到了德沃斯基，在我十几岁的时候，我们偶尔会在一起共同学习。有时候他去美国就会在我家里住上四五天。在这段时间，象棋成了唯一不受欢迎的无关紧要的事情。我们不学习的时候，他会坐在自己的房间里面，目不转睛地盯着电脑里的各种棋局。吃饭的时候他边吃边喃喃自语，总是有食物掉到地板上，与人交谈的时候，聚集在他嘴角的唾液经常像胶水一样从他嘴里一条条地垂下来。如果你读过纳博科夫的小说《辩护》，其中的主角叫做卢金，是一个性格有点古怪的国际象棋天才——你看！这不就是马克·德沃斯基吗？

德沃斯基一坐到棋盘前面，整个人就像死而复生一样精神抖擞起来。他那满是厚茧的手指操作起象棋子来竟然显出了几分优雅。他绝对地自信，实际上应该是自傲。他的拿手好戏就是从小学生的面前走到桌子前，然后立即给学生们摆出一盘难度相当大的棋局。他似乎总有数不尽的深奥难解的保留材料，并且会以此为根据连续好几个小时不断地询问各种问题。德沃斯基很乐于看见那些天赋异秉的国际象棋头脑们因为他提出的难题而苦思冥想。当他在悠闲地享受着权力带给他的愉快时，那些年轻的冠军选手们勇于创新的创造力正慢慢被消耗掉。作为一个学生，我发现这些学习的片段与乔治·奥威尔在《1984》中所描述的监狱的情景十分相似。在那里，拥有独立意识的思想家们被残酷无情地打击，直到他们都变成一具具没有灵魂的空洞的肉体。

比起奥威尔式的魔鬼训练，与拉祖维在一起练棋更多地像是进行一种精神上的静修。拉祖维的训练方法是建立在对每一个学生的个人性格和天赋素质的敏锐观察上的。他在心理学上拥有惊人的智慧，而他的指导模式通常以近距离地研究学生下过的比赛棋局来作为开端。他能以令人赞叹的速度迅速找出对方出棋的主要风格，以及阻碍对方进行彻底自我表达的障碍物。于是他设计出一个为选手量身定做的训练规划项目，这种训练规划能够在培养学生们天赋的同时，更系统化地拓宽学生的国际象棋知识面。

从另外一方面来看，马克·德沃斯基创造了一种综合性的训练方法系统，他认为所有的学生都适用这个方法。针对小学生他的理论是先用非常残酷的方式使之感觉倍受打击,然后再对他们使用那套类似饼干模具的训练方法。在我看来,这套训练系统会给那些年轻的生气勃勃的学生造成一些严重的负面的影响。

电影《王者之旅》上映后的那段日子,是我的象棋职业生涯中至关重要的日子,在这个关键的时刻,关于我未来学习的方向上产生了一些异议。一边是以我的专任导师德沃斯基以及他的徒弟们为代表,德沃斯基觉得我应该埋首于有关国际象棋预防法方面的学习中去,预防法指的就是国际象棋中的一种与蟒蛇的进攻方式类似的出棋技术。那些伟大的防御型棋手,比如卡尔波夫和彼得罗相,仿佛能够感觉出对手的下一步出棋意图。他们有条不紊地将压力化解,一边咄咄逼人地不让对方存在哪怕是一丝的生存希望,同时还要在对方进攻的意图还未形成之前就将其扼杀在摇篮中。他们是天生的狙击手,他们的性格更多地倾向于镇静和足智多谋,而不是内向含蓄。另外一种意见来自于尤里·拉祖维,他坚持认为我应该继续培养我作为一名棋手的天生实力。拉祖维认为我是一个天生的进攻型的选手,不应该被我自己的实力所吓跑。毫无疑问,要想顺利地踏入我向前发展的下一阶段,我需要更多地学习卡尔波夫的出棋风格,然而拉祖维也提出另外一点,那就是我可以通过卡斯帕罗夫来学习卡尔波夫。

这是一个复杂并且听上去很神秘的想法,我希望自己能像一个16岁的男孩看见自己的实力一样,拥有那些精湛的国际象棋技艺。一方面,拉祖维的观点是,那些伟大的进攻型的棋手都对象棋的布局有一种敏锐的理解力,对于有些人,比如我自己,学习高级的布局方法就是,同时结合技巧的因素去学习那些和我特质相同的伟大选手们的出棋方法。

拉祖维在教育方面的哲学思想与道教的"举一反三"、"以柔克刚"等思想相类似。在大多数日常生活的经验中,在两个相对的事物之间总是好像存在着一种看不见的联系。试想一下，也许当你终于意识到了究竟别人赢得了的冠军对你意味着什么的时候，一切都已经来不及了——伤心痛苦往往是最能够洞察成功价值的手段。想象一下，在经历了长期的依靠拐杖走路的生活之后，拥有一条健康的腿的滋味该有多么的美好——疾病是健康派来的最有说服力的大使。难道还有人能比快渴死的人更明白水的价值吗？人类的思想要定义一件事物，都是要以另外一件事物来作为参考的——没有光明，就不会有所谓的黑暗。

根据同样的道理，我发现，有时两种完全不同的结果之间存在着一种联系。从某一个方向通往艺术鉴赏力的道路，通常也密切关联着另外一个方向的深刻研究——直觉会产生一种离奇的联系，这种联系指引着我们去找出由无数片段聚集而成的具体概念。举例来说，那些最伟大的抽象派表达画家和雕塑家都是通过一系列现实主义的正规训练之后才得出他们那些具有革命性意义的思想。杰克森·波拉克也可以像照相机那样作画，但是取而代之的是他选择了泼洒颜料，带着强烈的情感以一种狂野的方式来作画。他研究形式的目的就是要摆脱形式。

通过不断地学习那些在比赛中出现过的最精彩的进攻型棋局，我对防御性打法的微妙之处有了更为深刻的理解。任何一个高水准的进攻型打法都可以从一场防御型打法的核心中衍生出来。正如同太极八卦图，它表示的核心思想是阴中有阳，阳中有阴，为创造性的改变提供了技术上的依据。多年以后，我还会把这些理解放到我的武术训练和日常生活中去。然而对于一个十几岁的少年来说，这些道理并不是十分明白。我认为我还没有面临过这样的问题。

驯马的两种办法

我的母亲，邦妮·维奇除了拥有其他许多方面的才华以外，她还会驯马。她曾经作为一名驯马师和花样骑术师参加过竞赛。在我还是孩子的时候,我就经常同她一起去到位于新泽西的马厩,在可爱的小马周围玩耍。她与动物们交流的方式是我永远也无法相信的。假如有一匹马让大家伤透了脑筋,人们就会来向我的母亲求助,只见她徐徐地走向那匹体重有1700磅的狂怒的公马,用一种安抚的语气跟那匹马说话,过了没多久那匹马就在我母亲的爱抚下平静下来。

母亲有一项奇特的本领,她可以跟所有的动物进行交流。我曾经见过她不花费任何力气,用鱼线将一条重达五百磅的蓝色马林鱼牵到船边。发怒乱叫的狗见到她会安静下来舔她的脚。还有鸟儿们一看见她就热情地飞过去。她就像是一个精通动物语言的人。

邦妮向我解释道,想要驯服一匹野马有两种最基本的方法。一种是把它紧紧地绑起来,从精神上令它崩溃。你可以揉搓塑料袋,踢罐头瓶,发出刺耳的噪音来刺激它,直到它向噪音屈服。还可以用绳索和棍棒迫使它去忍受被人所控制的屈辱。一旦它表现出了哪怕是一丁点的屈服,你就给它把马具都戴上,翻身上马,双脚一踢马刺,让它看清楚主人是谁——马也许会反抗,会猛烈地弓起背在原地跳跃,扭曲身体转来转去,或者是直接跑了出去,但是无论如何它也无法摆脱这一切。最终它会双膝跪在地上,接受被人支配的命运。这匹马经历了伤痛,狂怒,沮丧,筋疲力尽,甚至差点就要死亡了,它才终于妥协了。这是令其从震惊到畏惧的方法。

还有一种方法,能让你成为马语者。母亲告诉我:"如果在马还是个小马驹的时候就把它驯服的话,这匹马从此就会很听话。你像对待宠物一样地喂它吃东西,为它刷毛,把它收拾得干干净净,经常爱抚它,这些办法都会令它慢慢接近你,并且喜欢你。你再翻身上马的时候它不会再挣扎了,还有什么好挣扎的呢?"如此这般,你就可以任意指挥马让它听你的话行事了，因为它乐意去做。你要和它有相同的愿望，说同样的语言。你不要去破坏马的精神。母亲继续说："如果你是直直地朝一匹马走过去的话，它会看你一眼然后就跑掉了。你没有必要这样正对着马的方向。不要面对面，从旁边慢慢接近它就可以了。连一匹成年的马也可以被驯服，你要做的只是友善地对待它，并把你的意图转变成它的意图。"

"然后，当你骑上马的时候，你和马都想要维持这种由你建立起来的和谐感。如果你想往右走，你把身体往右边移一点，马就自然而然地也向右转过去来平衡你在它身上的重量。"骑马的人和被骑的马融为一体，他们之间建立起了一种谁也不愿意破坏的紧密联系。这其中至关重要的是，在人与动物的关系中，动物并不是充当一个被彻底打败了的角色。在受训的时候，他将会像在棋桌上一样展现他独一无二的特点。这种杰出而朝气蓬勃的精神依然能在那些曾经飞奔在大草原的动物身上找到踪影。

* * *

德沃斯基想要用"从震惊到畏惧"的方法来锻炼我，但是拉祖维却希望我能尽情地展现出我的自然光辉。同过去一样，或许是因为他自己的出棋风格的原因，我的专任导师德沃斯基得出了最德沃斯基式的最终结论——因此从16岁开始，我的大部分国际象棋教育过程中，我都在一直努力要从我的自然反应中脱离出来，并且重新整合成为卡尔波夫式的国际象棋。结果，我失去了作为一名棋手的重心。我被告知要询问自己："在这种情况下卡尔波夫会怎么出棋呢？"我不再相信自己的直觉，因为那并不是真的卡尔波夫。而电影《王者之旅》如同一阵旋涡一下子点醒了我，我的那些大部分挣扎都来源于我作为一名艺术家的疏离感。我缺少的是对自己内心深处的了解。

回想我的国际象棋生涯，在长期的学习过程中，我一直困惑于不能协调好作为一名赛手和一个表演者的关系。说起来十分简单，导致我离开国际象棋的决定性因素或许只有一到两个。我只能说电影《王者之旅》让我肩上的重负变得更加不堪承受了。也可以这么来说，一位糟糕的老师残忍地剥夺了我对国际象棋的那份纯粹的热爱之情。也可以认为是我在别处找到了快乐的感觉。然而这样一来，所有发生过的一切就会显得太简单了。

在我的意识中，这块学习和表演之间的领域就是一个灰色的探索地带。有一种平衡的力量在不屈不挠地驱使着你，却又不会太猛烈以致于把你融化了。肌肉和思想一样都需要通过不断拓展自己才能够发展，然而如果抻得太长就会有断掉的危险。一个竞赛者必须要以过程为指向，总得去寻找更加强大的对手来刺激自己成长，但是通过赢得胜利来维持自信也是非常重要的。有时候我们不得不放弃现有的一些观点来吸收更多新的知识，却绝对不能放弃太多我们独一无二的内在天赋。必须用实际的战术意识来改造朝气蓬勃的、有创造力的理想主义。

通向卓越的路上充满了各种陷阱。在狭窄的海峡两边总有浅滩，而在我的国际象棋生涯里，我不止一次掉进了海峡的深渊。作为一名棋手，背离了我本质的反应所产生的影响是致命的。然而从时间的角度看，我这才明白实际上我所收获的是一个珍贵的成长机会。时至今日，我的大多数信念都离不开我在国际象棋界的最后那几年里收获到的惨痛教训。

PART

2

进军新领域

第九章
初学者思维

我第一次接触《在路上》是在1994年夏天,当时我刚结束了将在匈牙利塞格德举行的世界18岁以下国际象棋锦标赛的准备工作。杰克·凯鲁亚克的这本书让人振奋不已。他那种从最世俗的经历中提取纯粹快乐的本领为我展开了一个新的世界。之前沉重的工作压力让我感到沮丧万分,但看了这本书之后,我却变得会去欣赏落叶飘零或是雨水拍打哈德逊河的情景,我还会为那种毫不掩饰的美丽而感到欣喜若狂。当我来到匈牙利的时候,我心中充满了对生活的热情。

在为期两周的比赛中,我的状态一直不错。进入决赛后,我的对手是俄罗斯冠军皮特·斯维德勒。他曾是一位实力超凡的选手,现在是世界顶尖的大师之一。但对于这场比赛我却是自信满满。他一定也感觉到了我的这种自信,因为比赛进行了才一个小时,斯维德勒就主动求和了。

我要做的就是跟他握握手，然后共享这个世界第一的头衔——在四对四的比赛中谁赢谁输并不会很明朗。握握手！我那种在战场上分出输赢的风格使得我在比赛中时输时赢，但我还是拒绝了他的求和，向胜利冲击，结果我输了这场比赛，伤心不已。

那天晚上我搭飞机穿越东欧去斯洛文尼亚的一个度假小村看望我的女友。她是她们国家的女子象棋冠军，正准备参加一个很重要的锦标赛。背上一个帆布包，腿上一本《在路上》，就这样，我坐火车，转大巴，还时不时地搭辆便车，就像有一种神奇的能量在支撑着我。最后我来到一个叫做Ptuj的小镇。我看着凯蒂从一条脏兮兮的路上朝我走来，这情景我永生难忘。她身穿一件红色的太阳裙，在微风中慢慢走来，那么柔软，感觉都不是她自己了。她侧着头走到我面前；在她的美丽之中有那么一丝严肃感，距离感，我不禁感到一阵寒颤。

我们之间的关系摇摇欲坠，我们整整吵了两天的架，直到我离开。我伤心欲绝，准备绕道战乱不堪的克罗地亚前往匈牙利然后飞回我的家乡。在奥地利的那天午夜，我看完了《在路上》。一辆破旧的火车吱嘎吱嘎地驶入黑暗之中，雨水重重地拍打着车厢。一个醉汉打着呼噜，掺杂着隔壁小房间里吉普赛小孩的欢声笑语。我当时的情绪状态很奇特。我刚刚输了比赛，输了爱情，而且我已经六天没睡觉了，但我却比任何时候都要有精神。

三个星期之后，我站在了巴西的一个街角上，第二天我就将代表美国去参加世21岁以下组锦标赛，忽然凯蒂走到了我的面前，微笑地盯着我的眼睛。我们开怀大笑，和好如初。这就是我的生活。

看完《在路上》后，我开始看凯鲁亚克的《达摩流浪者》，这是一个虚构的故事，主要讲垮掉的一代和禅宗之间的关系。我想这应该是我和某种佛教思想的第一次亲密接触。我喜欢这种快乐主义的内心旅行以及加里·斯奈德的超然智慧。我曾渴望隐居山林，与鸟为伴，但最后我却去了曼哈顿的香巴拉中心学习冥想。我试着让自己冷静下来，在地板上盘腿静坐，把注意力集中在自己的呼吸上。我曾拥有片刻的安宁，但大部分时间里还是十分渴望将各种事情抛在脑后。

这时候我乘飞机到斯洛文尼亚居住，在欧洲闲逛时我接触到了《道德经》——这是一本关于自然主义冥想的中国古代著作，是由神秘睿智的老子于公元前6世纪撰写。我之前也说了在过去的这些年里，我和象棋之间的关系变得越来越内敛，没有什么好竞争了。之所以有这种转变，其中一个原因就是我和道家哲学之间的关系变得逐渐亲厚。

通过学习《道德经》，我感觉到自己就像在对所有那些我只可意会不可言传的事物进行挖掘。我渴望"挫挫我的锋芒"，来缓和我的野心，让自己从物欲横流中转移开去。老子注重的是内修，是内在的本质而不是外在的表现。《道德经》就在于为我们的自然洞察力解除障碍，让我们能看到并甩开错误思想。从美学观点上来说，这对我很有意义，因为我早就开始学习用数字摆脱数字。我对学习的理解就是，学习是寻求处于技术中心或是超越技术的那股气流。对我来说，这些思想之间的共鸣是如此的激动人心，并且在我日后的生活中起到了极为重要的作用。但对于一个18岁的男生来说，《道德经》最重要的还是给我提供了一个架构，来帮助我梳理和物质欲望之间的复杂关系。

离开欧洲回到美国之后，我就想更多地了解关于古代中国的各种思想。1998年10月，通过朋友的推荐，我走进了陈威廉的太极拳馆。太极拳是道家哲学在思想和武术上的双重展现，而陈威廉则是目前世界上最伟大的太极拳师之一。这种结合让人无法抗拒。

* * *

那个秋天的晚上，当我参加第一节太极拳课时，我惊讶于太极拳的目标并不在于赢，而只在于简单地存在。道场上的十二个人似乎都在聆听某种安静的内在思想。大家像跳舞那样缓缓滑动，作为老师的陈威廉则站在学生前面，带领大家进行冥想。他当时64岁，但在那一刻他的年龄可以停留在40岁到80岁之间的任何一个年纪，就像是一个长生不老的人。他梦幻般地移动着，就像身在云中一样。看着他，我感觉到他身体的每根纤维都涌动着电波。他的手在空空如也的空气中推进，就像是在感知和拉拽空气中最细微的波纹，如此深奥，如此精确，却没有丝毫特殊之处。他的高雅就在于简单本身，我着了迷似的坐在那里。我得多多学习了。

第二天我回到学校开始我的第一堂课。我记得踏上道场地板的那一刻，我兴奋不已。每个人都在做热身运动，左右摇摆身体，同时用拳头拍打后背的下半部分。后来我才知道这是气功练习。我也尝试着这样做，但感觉肩膀总是很僵硬。这时，陈走到地板上来，整个屋子就变得很安静。他很绅士地微笑着站到学生队伍的前面。然后，他慢慢地闭上眼睛，开始深呼吸，他的思维渐渐转移到身体内部，万物皆静，整个身体感觉都融化了，富有生命力。我全神贯注地看着。静止之后，他的手掌渐渐抬起来，就连这么一个最简单的动作只要由他做来都让人感到深奥无比。他开始带领我们做太极拳的起始势。我竭尽全力跟着他做。陈的太极拳中的深奥之处让我感到震惊，同时也感到非常迷惑。他的优雅感觉恍若隔世，而我自己的动作却十分僵硬笨拙。

十分钟后，陈把整个班级分成几个小组，我的搭档是一个高级学员。他很耐心地跟我描绘太极身体力学的基本准则。我们不停地重复最开始的几个动作，他告诉我把膝关节放松，把气吸入下腹，肩膀和背部要放松。放松，放松，放松。我之前真的不知道自己居然是如此的紧张。这么多年来我一直是驼着背俯视棋盘，真得好好注意一下坐姿了。他还解释说我的头部应该要飘浮起来就好像是被王冠上的丝带轻拂一样。这种感觉很好。

在接下来的几个月里，我学习了冥想法中的六十个基本动作。我是一个初学者，就像一个小孩学习爬行那样，整个世界开始从我肩膀上挪开。象棋和这里的木质地板没有丝毫关联。这里没有电视摄像机，没有粉丝，也没有令人窒息的压力。我每天都练习好几个小时，虽然很慢，但我能确定，这种截然不同的语言开始变得自然起来，就像是我身体的一部分。我之前对冥想的尝试很混乱——神经扭成一团，思维也随之冻结。但现在我的内心接收到了信息，思维欢快地穿梭于空间之中。每次我都有意识地释放自己身体某个部位的紧张感，我都能感受到一种奇特的身体意识。我的手指微微发痒，我随着这种感觉继续下去。我意识到当自己轻度放松时，我可以把注意力集中到身体的任意一个部位并深刻体会到它被忽视的存在。这真的是非常有趣。

从我到这个学校来的头几天开始，我和陈威廉之间的互动就很活跃。他的教学风格就是少言寡语，因为他的身体本身就能传递出大量信息。他似乎存在于另一波长之上，轻拍入宏大现实之中，而通过同化作用他共享着这个现实。他轻声说话，稳步移动，教授那些想要学习的人。他教学的珍贵之处在于事后的想法，藏在呼吸之下，你可以选择挖掘或不挖掘——他似乎对此并不介意。我惊讶于他的这些微妙的教导有多少是被人忽略了的。

初级班一般从三到二十名学员不等，依时间或天气而定。我最喜欢在下雨或是下雪的周末晚上去上课，因为大部分人都会选择呆在家里。这样一来就成了一节私人课程，只有一两人会来。但大部分时候一个屋子里大概都会有十个左右的初学者，专心于各自的问题，试图让自己的招式变得更加流畅。陈老师会站在一面大镜子前，这样他在带领整个班的学生时就能看到他们的表现。他会微笑着拿他儿女之间的口角开开玩笑。他很平易近人,没有什么华丽的言语,也没有什么崇高的宣言。"我能做到的你们也能做到,"他谦逊地说。

陈让我想起了宥利·拉祖瓦耶夫,一位俄罗斯象棋老师。他鼓励我培养我的本性。陈也有着相同的洞察学生的能力,虽然他的这种智慧十分身体化。我在教室里练着招式,感觉做得不太对,他会在教室那头看着我,斜着脑袋走过来。然后很准确地模仿我刚才的动作,指出我的脚上或是后背下半部分的某个部位绷得太紧,同时通过自身演示来讲解如何缓和这种紧绷感。他往往都是正确的。他那种通过模仿身体结构并化解为最小细节的能力实在让人惊讶不已。他看身体就像象棋大师看棋盘一样。太极最主要的就是释放障碍,从而让身体和思想能够慢慢地融合到一起。如果某个部位紧绷,思想就会停在这个地方,这样一来流动性随之被打断。陈总是可以看到我思想的所在之处。

一段时间之后,彼此逐渐熟悉,我们之间的互动也变得更加细微。他可以站在教室的另一头,就那么一瞥,就可以从我的招式中看到一个很小的猛推的动作,就像是深埋在我肩膀之下的一条心理上的皱痕。他会看到我的眼睛里,然后重复我的动作,稍加修改,就又回到原来的动作,继续带整个班级往下进行。我就跟着他做,马上就觉得得到了释放,感觉就像是有人摘掉了我背上的一个大肿瘤。他可能会瞥一下我看我是不是注意到了,也许干脆就不瞥。如果我已经做好准备,那我就潜心去学。有多少学生会错过如此宝贵的时刻,就因为他们一直盯着镜中的自己或是在不耐烦地看时间,这实在是令人惊讶。要上有价值的课关键在于你要集中注意力,所以很多时候太极课是在锻炼一个人的意识。虽然这种方法对我来说非常有效,但却使得那些不认真练习的学生选择了离开。虽然陈的课其实最激励人心,但我还是看到很多学生觉得无聊至极，因为他们想一步到位，而且他们并没有去接收陈老师那些细微的东西。

在这个阶段，我的太极拳学习重点就是协调呼吸和思维。这两者之间的关系是太极拳的一个重要组成部分，所以我认为有必要在这里做下解释。很多中国的武术大师都强迫他们的学生学习一些老套的呼吸方式。他们认为内家功夫都会有上乘的呼吸控制方法，因此就应该坚持使用这种方法。陈威廉对呼吸这个问题的看法很简单，就是呼吸一定要自然。更确切地说，呼吸就是回归自然。这么多年来，包括我自己在内，我们周旋于这个闹哄哄的世界，养成了各种坏习惯，压力重大，呼吸就是让我们回到这些事情之前的那种自然状态。

在陈威廉的太极拳招式中，做伸展（向外或向上）招式时要吸气，所以身体和思维就被唤醒了，灌注能量，形成一个招式。他举了一个例子，当你小憩了一会后醒来，伸手和某个你喜欢的人握手时，或是你同意某人的观点时，一般来说，做这些正面动作时会伴随吸气——在太极拳的招式中，我们"把气一直吸收到指尖"。然后，通过呼气，身体能量得到释放，就像是入睡前最后一次呼气一样。

为了让你有亲身体会，现在请将双手合十放在胸前，双手食指之间保持几寸距离，肩膀放松。现在开始呼吸，同时慢慢张开你的手指，把注意力集中到你的中指、食指和大拇指上。你的呼吸和思维都要柔和地集中到你的指尖。这种吸气就是慢慢地把氧气聚积到丹田，然后把这股能量从丹田转移到你的手指。完成吸气的整个过程后就开始慢慢呼气。放松你的手指，让自己的思维入睡，手指关节要放松，让所有的事物都进入一种柔和、安静的意识状态。一旦完成呼气后，再重新开始吸气。照这样做几分钟，看看有什么感觉。

以我的经验来说，当这种呼吸的规律和太极拳的招式结合到一起时，打太极拳就像是岸边的水涨水落。波浪拍打着沙土（吸气），然后又退回到海洋之中（慢慢地把气全部呼出）。人们往往只把注意力放在那些来势汹汹的波浪上，却忽略了海水退潮时也充满了力量。

在陈老师看来，对我们现在这种宁静健康的状态构成最大威胁的就是对自然呼吸的持续干扰。一个想法或是一声电话铃响又或是一阵车喇叭声都会打断我们呼气，于是我们就停下来了，开始重新吸气。接着我们又会想到什么，于是在呼气前又停下来了。这样一来我们的呼吸就比较浅，而且身体中的二氧化碳排除得也不够彻底，因此我们的细胞就不可能获得足够多的氧气。太极冥想就是无干扰吸收氧气的天堂。

不管我的问题是在于不够完美的呼吸方式还是仅仅是普通的压力，在练习太极拳短短几个月后，我的生活质量就得到了很大的改善。如何发展反省自身的这种能力确实极大地改变了我的世界。经过一些小动作上的练习，疼痛消失了。压力比较大时，我就练习太极拳，人就会平静下来。忽然间，我有了一种内在的机制来应对外部的各种压力。

从一个更深的层次来说，练习太极拳可以把我身边的各种事物联系到一起。我做了一辈子的运动员，从事的是一种脑力运动。从孩童时期开始我就迷上了象棋，我对象棋是如此热爱，因此我的身体和灵魂在这项运动中得到了融合。后来，我渐渐远离了象棋，我身体的本能和我的思维训练呈反方向发展。天天用脑筋来想各种下棋招数让我感到就像是一只老虎被困在了笼子里。现在，我一直在学习如何系统地把我身边的各项机能协调到一起。1999年初，陈老师邀请我开始推手训练。我当时并不知道他的这个低调的邀请会改变我的整个生活。

第十章
寻找更强大的对手

陈老师叫我开始参加推手课的时候，我有点犹豫不决。那时候，太极对我来说就是一个天堂。我和太极之间纯粹是私人关系，而太极的冥想练习也大大改善了我的生活质量。我怕一旦开始练习太极拳中涉及武术的部分，可能会影响到我之前想达到的目的。我并不想与人为敌，我已经在棋盘上跟人厮杀够了。但后来转念一想，这好像也是一个很自然的推进过程：在我自己练习太极的时候我已经能够保持全身放松了，而现在的挑战就是如何保持，并随着压力的增大而加深这种放松感。而且之前我也得知了太极拳作为一种武术，其实质并不在于和对手硬碰硬，而是在于将对方的能量协调到一起，先屈服于这种合力再用柔力来克服这股力量。这种做法很深奥同时也很有意思，也许我能够将此运用到我的余生之中。就说到这里吧，我开始去参加推手课了。

当我第一次参加推手课时，感觉就像是来到了另外一个学校。过去的五个月里，我就是站在脚下这块木地板上参加了初学者课程，现在却感觉所有事物都提升了。到处都是新面孔，武术的氛围更浓了。陈老师的高级学员散落在教室的各个角落，或在做伸展运动，或在练习提沙袋，又或在以神秘的姿态练习冥想。我不知道我应该做什么。陈老师走到我们前面来，教我们用了五六分钟的时间做了一下热身运动，在学校里每次进入推手课之前都要做这样的热身运动。陈老师走到我面前，拉着我的手走到一个比较清静的地方。他抬起手腕，用眼睛示意我跟着一起做。我们右脚向前站立，右手腕背部相接。他让我去推他。

我推他的手臂和胸部，却感觉空荡荡的。真是奇怪，就像是打空了，根本就没有打在人身上。但其实他就站在我面前，脸上的表情仍旧如此平静。我又试了一下，因为缺乏反作用力，我感觉好像是自己被往前推了。当我调整回原状态时，他几乎还是一动不动，但我却感觉像是飘起来了。真是有意思。我们又练习了一会。从基础层面来说，推手就是要让你的对手失去平衡，我尝试着把我之前打篮球时的本能运用到推手中去——应该没有什么问题。但陈老师却不费吹灰之力就把我牢牢地控制住了。他就像是扎根在我的皮肤里，我就感觉自己像是在月球上行走，随着他的意愿到处飘移，根本够不到地面。有时候他就像是一堵墙，立在那里一动不动。但忽然间他的身体又会像云层那样轻柔。这实在是太让人惊讶了。

几分钟后，陈老师开始向我做些展示。首先，他轻推我的臀部，提醒我在太极拳中，"松胯"也就是放松臀部是非常重要的。然后他让我推他的肩膀，接着他就慢慢地向我展示他的身体技能是如何转变成像云层那样柔软。如果我推他的右肩，他的右手手掌就会慢慢抬起来，几乎不碰到我的手腕但却很巧妙地把肩膀上的受力点化解掉了。我们之间几乎没有碰触，但我还是能充分地感觉到有一种潜在的东西在牵引着我。我继续推他的肩膀，他的肩膀就把力化解了，但不易觉察的腕部反抗力却出现了。关键就在于他把肩部的受力转移到腕部的动作实在是太细微了，以致于我根本没能注意到。我不停地往外伸展，觉得就快要够到他了，还没等我回过神来我已经失去平衡，东倒西歪。如果我放慢动作试图不要过分伸展，那他就会顺着我的意思像胶水那样黏着我。如果时机正确的话，他会安静地有所保留地伸展他的手臂来控制我的力量——颠覆了原先我对控制力量的理解——这似乎更多地是来自一个人的思想而不是身体本身——忽然间我就被弹了出去。他如何能用这么小的力气做到这样呢，真是让人惊讶。

刚开始练习推手时，我感觉到自己像是被牢牢地钩住了。很明显，这种功夫很细微，蕴义深刻。我马上就意识到这个过程跟学习象棋很相似。但我还有很长一条路要走。

我得要先明白功夫的基本原则。推手后面所蕴藏的武术哲学用经典太极的语言来说就是"四两拨千斤"。陈老师的腕部和我的推手之间的那种不易觉察的触碰就是"四两"的体现。不管是在太极里还是太极外都有这个基本原则的众多表现——有些是身体上的，有些是心理上的。当侵略行为遇到空荡荡的空间时就会不攻自破。我猜测最佳画面就是当查理·布朗想射门时露西又一次断球成功。可怜的查理只能不停地踢打空气。练习太极的人的身体需要学习如何做出快速反应，以及如何自然地躲避每次想象得到的攻击。但问题是我们会条件反射地变得很紧张，抵制来袭的恶意力量，所以我们要学习一套全新的应对侵袭的心理反应方式。在学习不抵抗的身体技能前，我要先舍弃现在的身体形态。不过说说容易做到难啊。

试试这个：站好，把脚掌扎根在地面里。要真的埋在地下。想象自己正站立在悬崖边上。现在叫别人来推你，你会想方设法躲开，所以就会想要移动你的脚掌，就顺着这个意思做。这可以做得很缓慢。你们两个动作都要轻柔以免受伤。我猜测你身体的本能反应是往后退，让自己保持平衡和稳定。

现在你已经看到了不抵抗这个概念。那就尝试一下。试着保持姿势，不做任何反抗，也不要比你的对手动得快。让人奇怪的是，除非你是一个训练有素的习武之人，这种做法对一般人来说是很不自然的。你想要去哪里呢？你可能想退到后面那只脚，但你退他也退，你就会失去平衡了。在这个时候，你就会反抗。如果你的同伴或对手比你强，比你更有平衡感，更有力量，那你就无法阻止这种入侵的力量。

幸运的是，我们并不是站在悬崖边上学习推手的，如果失去平衡也不至于酿成悲剧。而对推手学生来说最具挑战性的飞跃之一就是要充分释放自己的自尊心，允许自己东倒西歪，从而来学习如何不做抵抗。如果一个大个子来到武馆，有人上前去推他，他会想要抵抗，也反推一把来显示出他力量强大。问题是他这么做学不到什么东西。为了有所成长，他需要舍弃现在的思维方式。他需要学会先输后赢。这个彪形大汉可能会被些小个子推来推去直到他学会如何使用除肌肉以外的东西。陈威廉把这个叫做以退为进。以退为进可以让你参与到学习过程中去。在推手中，以退为进就是让自己被推来推去而不去使用那些旧习惯——让自己的身体在不知道如何做而想要变得紧绷时能够保持柔软并且善于接纳。

我的生活安排非常适合这种过程。我很乐意接受这种被人推来推去的理念——推手课程是对谦逊的一种培养。和陈老师的高级学生一起练习，我被四处扔出去。对我来说他们实在是太快了，他们的攻击就像是飞毛腿导弹一样。当我在化解这个攻击时，另一个攻击就会神不知鬼不觉地袭来，我就被掀翻了。陈老师会看着我们练习，稍稍指正一下。每天他都教我新的太极原则，完善我的太极技能并且加深我的技术理解。我就像是一块泥土被揉成各种形状。

几个月后，由于我对训练非常投入，进步很快。和初学者过招时，我可以很快发现他们身上的紧绷之处，有时候当他们攻击我时我也可以做到始终保持放松的状态。当我放弃自尊心的阻碍，用一种开放性思维学习时，很多其他学生看起来都是僵硬地站在那里，不停地重复他们的错误。因为他们不能舍弃旧习，所以他们没有办法取得进步。当陈老师给他们提建议时，他们试图为自己辩解。他们太不愿出错，以致于被框住而无法前进。

一直以来我都坚信如果一个受过训练的学生可以避免再次犯同样的错误——不管是技术上还是心理上——他就可以成为某个领域的佼佼者。当然，这种事情是不可能的——我们注定要重复犯某些关键性错误，但愿是因为这些错误都难以逃避，并且很难准确定位的。举个例子，在我整个象棋生涯中，直到经过了数个月的学习之后我才意识到自己在过渡期也曾犹豫迷茫过。所以我们的目标就是要通过观察各种心理上和技术上的错误来尽量减少它们的发生。

在我象棋生涯的最后几年里，我已经变得很麻木，感觉与象棋越来越疏远。我的脑子一片混乱，止步不前，就像是那些练习推手时不研究学习所犯错误的人一样，只是一味想取胜的人，想做得完善，想把所有事情都置于自己的掌控之下。这样一来就会阻碍成长，使得太极看起来和平庸的生活没什么两样。在刚开始学习太极的几年中，我的任务是广泛接收各种信息。我尽全力从每个错误中吸取经验，不管是我自己的还是训练同伴的。每次推手课都是一次领悟，几个月后我已经可以对付大部分学习了几年太极的人了。

这真是一个激动人心的时刻。当我不断地吸收太极的技术原则时，我看到我对象棋的理解也逐渐在推手游戏中展现出来。我喜欢竞争，而且奇怪的是我似乎有与生俱来的战斗力。我会很快捕捉到别人姿势中的结构错误。

练了几年后，我的训练变得越来越强有力，而且我也学会了如何在保持身体不动的情况下化解各种攻击。那时你的脚能够紧紧地贴在地面上，并不是简单地站在地上，而是像有很多根深深地插在土里一样。关键就是要放松胯关节，并且拥有像弹簧一样的身体技巧，这样一来你就可以很容易地把来袭的力量分散到身体的各个部分。我不停地练习脚步，我开始感觉到自己就像是一棵树，树的顶部在风中摇曳，但树的根却仍然紧紧埋在土壤之中。而且我也可以在推手中加入太极冥想。在我切磋功夫时，隐藏在招式下的技能就会自然地展现出来，有时候我的同伴会被我掀飞，而我并不是故意这么做的。这是系统训练的一种模糊但却极其自然的结果。

我之前也介绍了，太极很大部分就是要通过冥想招式的练习来释放你身体的紧张感。这是一个清除干扰的有效方式。现在把呼吸和招式协调起来，你就可以在静止中把身体和思维转换成各种动作。通过练习，这种静止会逐渐加深，而动作的转变也会变得很具有爆破力——这就是太极的攻击力的体现：从空空如也到充实满溢的惊人转变。当传递力量时，身体内部的感觉和你指尖完全融会贯通，没有丝毫阻碍。技艺高超的太极练习者速度极快，如行云流水，反应迅速——就像穆罕默德·阿里说的那样："轻如蝴蝶飘，痛如蜜蜂蜇。"

我一边吸收这些信息，一边也一直坚持和那些比我练得好的人一起训练。他们对我很粗暴。有个人——就叫他伊万吧——是这个学校中一个有点桀骜不驯的人。伊万身高六呎二，体重200磅，空手道二级黑带，还学了八年的合气道和八年的太极。陈老师只让伊万和那些能够对抗他的这种攻击性而不至于被抛出去受伤的人进行推手。但伊万却总是去挑衅别人。陈老师觉得我已经做好准备了，于是就把我和伊万分到了一组。

说说以退为进吧！这就要我们放下自尊心，但这么做是很残忍的。在我意识到他的攻击前，伊万就已经把我狠狠地甩到墙上，我的脚离开地面足有两英尺高。级别高一点的学生一旦发现对手已经失去平衡就应该主动停手，这本是太极训练的精神所在。但伊万却有他自己的一套。他喜欢把你掀倒在地。我被伊万打得落花流水。不管我怎么试着去化解他的攻击，我就是没办法做到。他太快了——我连看都没看到，又怎么能够躲开呢？我知道自己应该避免身体紧绷，但每当他站到我面前，我的身体就会不由自主地紧张起来。我就像被一辆运货的火车一晚上碾了五十次，真的不知道应该如何放松。我感觉自己就像是一个沙袋。基本上来说我只有两种选择——避开伊万，或者每节课都被打败。

几个月来我一直都在挨伊万的打。不可否认的是，当你被拳头逼到墙上时，这种以退为进并不那么容易做到——更确切地说，伊万每天晚上都邀请我。墙上的石灰都快掉光了。每次课后，我都会一跛一跛地回家，身上青一块紫一块，搞不明白我原本宁静的冥想天堂里到底发生了什么事情。但后来奇怪的事情发生了。首先，因为我已经习惯了伊万的攻击，我的恐惧感消失了。我的身体对挨打已经有了抵抗能力，学会了如何吸收这些攻击，而且我也知道了我可以应付这些攻击。然后，随着我的逐渐放松，在我看来好像伊万的速度变慢了。我发现在他出手前我可以感觉到他的攻击了。我学会了如何解读他的想法，在他扣动扳机前就先闪开。随着化解攻击能力的提高，我开始注意和挖掘他的一些弱点，有时候我发现自己能平静地看着他的手以一种慢动作的形式朝我挥过来。

终于有一天，教室里所有的桌子都被挪到一边，伊万和我要单独进行较量。我的训练强度很大，我已经赢得了两个中量级全国锦标赛的冠军头衔，正在备战世界锦标赛。伊万和我练了一段时间，后来由于我取得了进步他就开始避免跟我交手。但那天晚上陈老师在垫子上把我们两个放到一组。伊万走到我面前，就像是一头公牛一样，我本能地避开了他的攻击，然后把他掀倒在地。他爬起来，再次走到我面前，我再次把他摔倒在地。我自己都惊讶于怎么能那么容易。几分钟后，伊万说他的脚今天有点阻碍他发挥了，说今晚就到此为止吧。于是我们握了握手，之后他再也没有和我交过手。

对于我们之间的关系，我不认为在伊万的行为中有任何的恶意。说实话，我认为他是一个好人，他的那种直截了当，打得对手满地找牙的武术练习方式给了我一个极为珍贵的学习机会。很明显，如果我一开始为了保持形象满足我的自尊心，那我就会避开这个机会以及所有的这些伤痛。伊万又高又壮，对一个没有经验的习武之人来说是很可怕的对手，但他那种强势方法阻碍了他吸收武术中那些更加微妙的因素。最重要的是，伊万自身不能接受以退为进的理念。他本可以把我的进步视为一个提高他自身能力的机会，但他选择了躲避。

* * *

回想我那充满竞争的生活，我意识到初学者的思维和以退为进这些话题是独具特色的。有时候我不得不打乱我的比赛，仓促应战。在所有训练比赛中，有时候参赛人员会整装待发，也有时候他会比较脆弱，状态不稳。处在这个阶段的学习者不可避免地会比较容易受到伤害。你一定要意识到这一点，从而让自己在受到保护的阶段中不断成长。如果一个年轻的运动员被期望在使用这种新体制的头几场比赛中就表现出色的话，他注定会很失望。在他进步之前他需要时间来吸收这些新的技巧。同样的，这个道理也适用于一名棋手调整新的开场技能，一个习武之人学习一个新的技巧，又或是高尔夫选手，比如泰格·伍兹，打破其原先的节奏希望取得长足的发展。

我们如何在现实世界中让这些想法得以实现呢？当你还是个初学者时，要保持初学者的思维并且愿意以退为进并不是多么困难，但是当人们都在看着你，期待你表现时，要仍然保持谦虚和乐于学习就要难得多了。千真万确。电影《王者之旅》出来之后，我的象棋职业生涯出现了大问题。从心理上来说，我并没有给自己以退为进的空间。

我的想法是必须允许我们并不总处在最佳状态。我们必须对自己负责，而不是期待别人来理解我们为了发挥出最佳水平时所要做的事情。伟人在一次次磨炼中乐意承受挫折。想想迈克尔·乔丹。大家都知道，乔丹是NBA历史上在临近比赛结束时投球命中从而为球队取得胜利次数最多的人。殊不知，乔丹也是NBA历史上在临近比赛结束时投球没有命中从而使球队输掉比赛次数最多的人。乔丹之所以伟大并不在于他的完美，而是他乐意把冒险作为他的一种生活方式。他让公牛队的两万球迷伤心落泪的那些夜晚，难道乔丹就不难受吗？他当然难受。但是他还是愿意冒这个险来赢取篮球不朽的声名。

第十一章

划小圈

　　我对象棋、武术以及范围更广的整个学习过程这三者的核心及相互关系的的研究在一定程度上是受到了罗伯特·波席格《摩托车维护艺术》一书的启发。我决不会忘记指导我今后数年学习方式的那一幕。波席格故事中的主人公是一个叫斐德罗的人，聪明又有点古怪。当他叫一个学修辞学的学生就所居住的小镇写一个五百字的故事时，这个学生根本理不出头绪来。她一个字都写不出来。这个镇似乎实在是太小了——有什么可写的呢？斐德罗对这个作业进行了一点修改来帮助这个女生解放她的思维。这次他让这个女生写的是教室外面那个剧院的前台，这个教室就位于这个镇里的小马路上。她要从左上方的砖开始写。一开始，这个学生简直不敢相信，但后来却变得文思泉涌，停都停不下来。第二天她来上课的时候带来了长达二十多页的故事。

我相信这个小故事应该可以在追求卓越中把成功和失败区分开来。这个话题很广也很深。学习的基本原则就是要钻研微观的细节事物从而来理解是什么促成了这些宏观上的问题。我们面对的阻碍就是我们生活在一种关注度不足的文化里面。我们面对来自电视、收音机、手机、视频游戏以及网络的各种信息。这种不断的刺激有可能会让我们逐渐上瘾，不停地想去追求新事物，不停地愉悦自己。当没有新鲜有趣的事物时，我们可能就会感到无聊，无法集中注意力。所以我们就去寻找新的娱乐项目，搜索各个频道，翻阅各种杂志。如果有了这种生活节奏，那我们就像是浅水的小鱼，不知下面还有绚丽的海底世界。

* * *

让我们回到武术这个话题。我想可以说很多人都会自觉不自觉地把武术这个词和传奇及电影联系在一起。我们会联想到忍者在黑夜中潜行，或者是《卧虎藏龙》中身着夜行衣的侠士飞檐走壁。我们看到的是尚格·云顿的泰拳格斗以及成龙的空翻。我们看到的完全是非现实的武艺，是用复杂的钢丝吊着拍摄并配以逼真的声音，以致于有些人也想亲身经历一把。这就对学习功夫产生了很大的误导：急功近利。许多"功夫"学校给学生教授各种华丽的招式，像舞蹈一样的各种动作。学生练得好坏以他们所知道的招数为标准。每个人都紧赶慢赶地想多学点，但都学得不深。学的东西花哨但很肤浅，不具备稳固的身体技能或是原则基础。所学的东西都是初级知识，结果就只是一个招式的收集者，光会踢踢腿，摆几个姿势，完全没有武术价值。

我的方法就不一样。从一开始我就觉得太极拳的这种移动式冥想有一个很主要的武术目标，就是让习武之人不断改进一些基本原理。比如说：通过放松胯关节来转移体重；不断放松；思想、呼吸和身体的协调；对内在能量的意识；结束后发招；把来袭的力量化解到地面上；牢牢站立；把能量聚积到某一个部位上。这些原则中的大部分可以通过站立、起始式以及不停地完善各种最简单的动作来实现——比如把你的手在空气中推出去六英寸。通过这些精简动作的练习，你可以感受到身体内部各种细微的反应。你开始意识到脚上、腿上、背上和肩膀上所有的紧绷感。然后你释放这些紧绷感，一步一步，渐渐地你的紧张感就会退去，随之而来的是一个新的感受的世界。你学习如何引导你体内的意识，很快你的手指就会感到微微颤动，你感到热气慢慢爬上你的后背并蔓延到你的手臂。太极体系可以被视为是吸收优秀的基本原理，释放紧张感和培养能量意识的一个综合实验室。

我很勤奋地练习太极冥想招式，每天都要花上数小时。有时候我会一遍又一遍地练习一个招式中的某些动作，磨练相关技巧的同时也不断地完善身体技能，并且加深放松的感觉。我把重心放在细小的动作上，有时候会花上数个小时就为了练习把手往外伸出去几寸，然后又收回来，释放能量，脚和指尖的联系障碍逐渐减少。通过这样的练习，我对太极体会也越来越深，感觉也越来越好，我可以把这种感觉融合到一个招式的其它部分中，忽然之间所有的事物都开始向一个更高的水平发展。关键就是要认识到使得一个简单的技巧发挥作用的原理和支撑太极拳整个系统的原理是一致的。

这个方法跟我早期学棋相似，我找到了不那么复杂的比赛结束用招——比方说王和兵，棋盘上也就三个棋子——练习迫移、速度，或者是结构计划。一旦我体验了这些准则，我就可以把他们应用到复杂的位置中，因为他们已经深深地存在于我的思维框架中了。然而，如果你在输了一场比赛后马上去学习象棋的开场和中盘，你会发现很难用一种抽象的语言来进行思考，因为你所有的注意力都被放到避免犯错误上了。叫一个初入门的花样滑冰运动员直接做三周跳来让她学习放松的原则会让人感到很奇怪。她应该从在冰上滑行、转圈以及不断放松往后滑行这样的基本动作开始练起。然后，一步一步地就可以接受更加复杂的动作了，与此同时她还能保持刚开始时在最简单的技巧练习中的那种放松感。

所以，在我的太极学习中我体会到了细节的快乐。我学习的是陈威廉的太极招式，我把它分割成各个动作，不断地吸收到我的身体中去。每天我都会在家练习太极，晚上就在课堂上测试练习结果。这样一来要检验某些事物是否有效就很简单了，因为和像伊万这样的高级学员一起训练通常会让我们其中一个人被甩到墙上。在这些剧烈的过招过程中，华丽的招式根本不起作用，想象中的招式根本没有用武之地。事情来得太快。很快我就清楚地意识到我成长的下一步应该是去不断地提高我自身的技能。是时候该把这种新的感受付诸实践了。

* * *

身怀绝技的武林高手过招和好莱坞武打电影中的花哨招式是非常不同的。造诣高的习武之人一般都没有什么很大的动作，他们知道如何解读来袭。像电影中的后旋踢这样既大又华丽的动作根本没有什么作用。这些动作太电影化了，而且不能快速攻击到目标。拳击中的刺拳要比这些有效得多，因为发力距离很短，又快又稳。

对所有真正的习武之人来说，一个至关重要的挑战就是如何把自己的众多技巧融会贯通到刺拳的功效上。我看陈威廉出拳时轻描淡写，但却蕴藏着极大的震撼力。有些人可能会把这种能力称之为"气功"，于是被吓住了。但我却想去了解这其中到底发生了什么事情。我武术成长的下一个阶段就是把大的东西分解成各个细节的东西。鉴于我在象棋学习中对"用数字摆脱数字"方法的理解，我认为这个过程就是要挖掘技能的实质所在，然后**有效地压缩技能的外在表现同时又紧紧围绕技能的**

内在实质。一段时间之后，广度就会慢慢缩小而力量则会逐渐增加。我把这种方法叫做"划小圈"。

让我们把波希格的砖和我那个"划小圈"的理念结合到一起来看看会有什么样的效果。比方说，我正在练习某个武术技巧——拿最简单的，一个经典的直拳。我左脚向前站立，手放在头部旁边来保护自己的脸。刺拳是来自左前手臂的短拳。直拳力量大，能量来自于身体的底部，通过左脚，左腿，躯干，再逐渐达到右侧的背部，再通过肩膀，三头肌，最后经过我右手的第二和第三个指关节打出去。刚开始的时候，我用慢动作重复练习。在做得既快又准之前我们需要从慢动作开始。我释放开自己的左腕，右手做出动作，同时左脚和腕关节带动腰部旋转，整个上身一同出拳。

一开始的时候，我会感到肩膀或是背部很紧张，但后来这种紧张感就逐渐消失了。我慢慢地重复这个动作直到技巧和身体融会贯通。一段时间之后，我就不会再去想从脚到拳头的这个运力过程，我只感觉到地面已经和我的手指指尖连接到了一起，我的身体就像是传递这种攻击脉冲的一个管道。然后我开始加快速度，一遍遍地运力，出招。最后我开始用厚沙袋进行练习，用更大的力量来锻炼这些身体技巧，使我的身体形成抵抗力。这样一来，我就可以使出更大的力量但又不至于弄伤自己。我的旋转变得越来越有力，有时候击打在沙袋上的声音特别响亮。这是一个非常危险的时刻。当我是去击打某样东西而不是空荡荡的空气的时候，我可能就会开始变得兴奋起来，我的肩膀就会跟着拳头一起出去。这是很典型的一个错误，因为这样一来就破坏了我的结构并且打破了从脚到指尖的联系——许多拳击手都会犯这样的错误，所以肩膀就会受伤。我想要以不击为击，没有目标。我的老师陈威廉有时候在教我们出拳时就会告诉学生要像在倒一杯茶。这是一件很美妙的事情。倒茶就能产生完美的攻击，因为人们的思维这时候不会产生阻碍。

好的，现在几个星期过去了，几个月又过去了，我一直都在练习正确的直拳。我知道要如何正确地旋转。当我击打沙袋时，不会出现什么受伤的情形，我的身体结构也没有发生什么变化。我好像感觉到地面透过我的拳头把沙袋击得粉碎，而我的身体技巧还是很流畅，很放松。同时，我在旋转，释放身体出招等方面也增加了力量。当我出右拳时，我不会再去想什么技巧性的东西，我的身体只有右的感觉，同时做出这个动作。没有别的想法，就像是融在血液中似的。

问题是，除非是陷入危急关头，一个优秀的习武之人是很少会被这种直拳打到的，因为这样的拳实在是太明显了。这时候，"划小圈"就派上用场了。到现在为止，用拳头攻击的这种身体技能已经形成一种感觉，深深地刻在我的思维之中了。我不需要去听或去看什么效果——我自身知道如何运用内在的协调性来让它正确发挥出效果。同样，一个训练有素的歌手在经过数年的实践之后也会清楚音调在身体内跳动的感觉。有一天，当她正在举行一个盛大的音乐会时，音响设备出现了问题。在台上她根本没有办法听到自己的声音——一个出人意料但又经常发生的情况。一个伟大的表演艺术家可以不需要听到任何声音仍然呈现给大家上乘的表演，因为她知道如何去感知这些音调，即使作为最重要的管理器——她的耳朵——暂时根本没办法发挥作用。

所以我明白了正确出击的右手直拳到底应该是什么样的。现在我开始逐渐压缩动作同时又保持那种感觉。我不再大幅度旋转胯部，而是旋转幅度很小，然后就把拳头挥出去。刚开始的时候，我可能会从我耳边直接挥出拳去，但现在我开始慢慢地把手推出去，从离目标越来越近的地方开始出拳——但我又能保持住同样的力道。关键就在于要分解成小的步骤一步一步来，这样我们的身体就几乎感受不到这种高密度的动作。每一点完善都是由出拳的感觉所控制的，这是我通过几个月甚至是几年对传统招式的训练而得到的。虽然比较慢，但可以确信我的身体技能在变得越来越有力量。我只要稍稍动下腕部就可以控制速度了。而我的手即使不动也可以释放很大的力量。最后，我打出去的直拳看起来根本就不像直拳。不知道你是否看过拳击界中最厉害的那几个拳击手的比赛，比如说迈克尔·泰森或是穆罕默德·阿里，你会看到有时候他们莫名其妙地就把对手击倒了。有时候你必须用慢动作一遍遍地来观察才能看到他们的出拳。他们把大动作都压缩成各个小动作，没有经过训练的人根本没办法看清楚他们的拳路。

这种现象体现在象棋上也很有意思。举个例子，辩证地来讲，象棋最基本的原则就是中路控制。不管是什么水平的比赛，控制住中路的棋手通常比较有优势，因为他可以通过中路来影响这个比赛。奇怪的是，如果你研究一下几位伟大的象棋大师的比赛，你会发现他们好像根本不遵循这个基本原则。英国象棋大师迈克尔·亚当斯应该是最好的例子。他下棋一般都着重在侧方位而把中盘的控制拱手交给对手——但最后却是他赢。这种下棋风格的秘密所在就是对中盘控制原理的融会贯通。迈克尔·亚当斯知道如何控制中盘而又表现得和中盘毫无关系。他把这个圈划得如此之小，就连象棋大师也看不出来。

* * *

这个"划小圈"的概念是我学习象棋和武术过程中的一个重要组成部分。在象棋和武术中，选手会倾向于使用各种花哨的技巧而忽视细微的吸收和完善，其实它们要比学到的招式数量重要得多。我想就是因为有了这种理解我才能在2000年11月赢得了人生的第一个推手全国锦标赛冠军，当时我才学了两年太极。当然，我的许多对手都比我更了解太极，但我在我知道的事情上更精通。我把我的身体技能浓缩成一个力量强大的状态，但大部分对手使用的却是又大又空，而且没有实效的招数。事实就是在激烈的比赛中取胜的往往是那些把技能磨炼得更深刻的选手。我们能成为顶尖选手并没有什么秘诀，而是对可能是基本技能的东西有更深的理解。每天都要学得更深一点而不是更广一点，因为学得更深可以让把我们潜力中那些看不到、感受不到但又极具创造力的部分挖掘出来。

第十二章
利用逆境

黄飞鸿功夫大赛超重量级决赛

2001年9月

一个230磅重的彪形大汉狠狠地盯着我,抓住我的手腕。他那张阴沉流汗的面孔充满了怒气。这是一个很有成就的选手,在联赛中朋友也很多。他就想把我打倒。裁判站在那里一动不动,时刻准备着把我们拉开进入第二轮。我做了一个深呼吸,感到体内的血液在全身跳动,而脚下的地面则变得异常柔软。

七个星期后,我将捍卫我太极拳推手中量级美国锦标赛冠军的头衔,而且通过特殊训练我还进入了当地联赛的170磅超重量级组的比赛。可能这个时候拿自己来做实验并不合适,但我还是想看看我应该如何来对付那些比自己体格更大力量更强的对手。

第一轮中,我化解了这个大个子的力量后将此力量反用到他身上。现在他已经快被我逼疯了,步步紧逼,逐渐失去平衡。裁判一下令,他就扑向我。这是一个十分凶猛的攻击,来自各个角度,速度极快,但当我放松下来之后再看这些动作就像是慢动作一样了。练习太极的人要学习如何把来袭的攻击转化成回击的力量,但这可是说说容易做来难,尤其是当对手是几十年的习武之人。他左手往前打的时候我的肩膀往后一缩,他的拳头打在了空气中,但他的右手马上又朝我腹部袭来。在他两手的力量连到一起之前,我一把抓住他的右手肘部,顺着他的力量往前。我知道下一步这个人就要被我一把掀起,在空中转两圈后摔在八呎之外。他摇了摇头又向我攻来。不出一分钟我就能把决赛拿下了。他攻击我就闪开,我感觉到他已经失去平衡了。但忽然间他的肩膀朝我撞过来,随之我就听到了破裂声。我感到手臂火辣辣地热,知道手臂已经断了。这种疼痛感使得我集中注意力。感觉时间都已经停止了。我没有让他看出我受伤了,接着用另外一只手臂应战,有节奏地对付他的攻击。在电视上他的手看起来快得像子弹,但在比赛中我感觉他的手就像是云朵在我身边慢慢翻滚,很容易就可以避开、化解。没有任何想法,就像是象棋比赛一样。

* * *

每当我想起自己武术生涯中的这个阶段,往往会回想起几年前在印度的一个下午,一场地震让我有了顿悟。这两个情况中,注意力的分散都转变成了高水准表现的动力。在下棋的时候,地震让我的思维变得非常清晰并且发现了赢得比赛的关键点。在推手比赛中,因为我的手骨折了,供我思考的时间似乎也慢了下来,所以可以让我达到生命中的最佳意识状态。在"软区域"那章里,我介绍过一个能随机应变的表演者在混乱的情况下要做到处事不惊有三个重要步骤。第一，我们要学会平静对待生活中的不完美之处。我介绍过树叶在飓风中摇摆和枯脆的树枝在重压下折断的情景。第二，在我们的表演训练中，我们学习如何把不完美之处转换成我们的优势——举个例子，想着音乐的节奏或是利用一个左摇右摆的世界来作为锻炼洞察力的催化剂。而这个步骤的第三步隶属于表演心理学，就是学习如何在我们的意识中制造一些起伏和小的波动来激励我们前进，所以我们要一直激励自己，不管外部条件是否有激励性。如果最初是要经历一场地震或骨折才能让自己认识清楚，那我想我可以把这个经历作为一个新的基石来拓展我每天的能力。也就是说，既然我已经意识到了问题的实质所在，我就想一直都能够抓住这个实质——但我不想每当自己想要充分发挥自己的潜力时就得搞得骨折。所以对运动心理的深刻把握就需要自身创造激励环境。我会在第三部分中详细介绍系统培养这种能力的方法论。在本章中，我会通过高水平运动训练的这三个步骤来论述为什么它们还是长期学习过程的关键组成部分。

* * *

让我们再回到我手臂骨折时让我顿悟武术的那一刻。我的认识达到了一个很高的阶段，以致于我可以把任何事物都分解为慢动作来观察。我的对手看起来像被糖黏住了似的，而我却可以全速移动。这样的经历非常鼓舞人心，为我今后数年的武术训练奠定了基础。然而，当兴奋退去之后我又马上面临着一个问题。我的右手直到七个星期之后，也就是全国锦标赛开赛前才痊愈。

受伤后的第二天我去看医生，希望能从医生那里听到一些好消息。但拍完X光后，医生告诉我不能再继续比赛了。我的掌骨第四辐列螺旋型骨折。他说，如果情况好的话可能六个星期之后骨头会完全长好，但我的手臂会出现大幅度的萎缩，因为从肘部以下手臂就完全不能动弹了。我只有几天的物理治疗时间，要想马上恢复是不太可能了。从医生办公室走出来的时候，我还是下决心继续参加比赛，打上石膏的第二天我就重新开始训练了。

刚开始那几天我用的是另外一只手，我感到有点用不上力。我担心有人一不小心就会撞上石膏，加重我的伤势。我把右手放在背后，大部分时间里都是和那些我信得过的伙伴做一些轻微训练。我们移动缓慢，站立着不做投掷动作，只是做一些典型的推手招式，两个人试图感知对方的重心，分解来袭的攻击，并且悄悄地让对方失去平衡。这不是放弃自尊也不是直接的武术过招，而是一种培养对来袭力量和来袭目的做出反应的重要方法。

对于运动员来说，做这样的想象工作是很重要的，但每当我们被训练和比赛的紧张习惯程序困住时，就感觉我们好像根本没有时间来管这种内心的事情了。我对此很有体会。有时候当我潜心准备锦标赛时，几个月里就会伴随着激烈的争吵，持续的疼痛，每晚练习打几百下垫子，并且还练习摔打。后来我意识到这好像有点偏离了事情的本质。于是我花了一周时间来做一些柔软安静的练习来锻炼节奏、认知、阅读、控制对手呼吸方式和内在灵感。通过这几个阶段的反应，我的能力得到了很大的提高，因为我新的身体技能已经通过融入我的思维框架了。

外部和内部（或者是具体和抽象、技术和本能）训练波动的重要性适用于所有的基本原理，而不幸的是内部的东西往往会被忽略。举个例子，许多很有天分的美国国家橄榄球联盟选手都利用淡季来更抽象地看他们的计划，跟着磁带学，分解球场的俯瞰图，并注意攻守方式。我听说过不少美国国家橄榄球联盟的四分卫手受了轻伤后就会被停赛一场或两场，他们把这种受伤看成是把注意力集中到比赛精神层面上的一个绝好的机会。当他们重新回到球场上来的时候，他们的球技就有了很大的进步。在所有运动的基本准则中，使得身体技能得到发挥的关键就在于内在的驱动，但我们却很容易在磨炼中途就和这种内在失去了联系。

因为我的右手骨折了，所以我只能使用比较弱的左手。很快我就意识到有些武术动作非常依赖右手，但现在我的左手也得熟悉并精通这些动作。时间一天一天地过去了，我的左手学会了很多新的技能，从格挡攻击到从非寻常角度把对手掀翻到使用筷子吃饭。经过两个星期的练习，我骨折的右手变得比较平稳了。我过去习惯把右手护在背后而用左手进行练习，现在已可以做到摔倒在地上翻滚也不让右手碰到地面。所以我可以协调得越来越好了。于是老师就开始让我和那些稍微更具攻击性的对手进行练习，这些人技术没有我高，也不是总能很好地进行自我控制。其中有几个人确实想要证明点什么。我在学校也算是响当当的人物了，而现在正好是他们打败我的最佳时机。他们用双手，但我只能是单手，于是他们想要充分利用这个优势。很显然，我得做好失败的准备。如果我不做好以退为进的准备，那这种过招就没办法进行了。说是这么说，但之后我身体所做出的反应却是让人感到惊讶。我的左手很自然地运用得就像是两只手一样，我用肘部来化解对方右手的攻击而用手臂来控制他的左手臂。我自己也不知道为什么我的身体能够做出这样的反应。经过几天训练之后，过招中我处于劣势这样一种想法逐渐消失了。只要对方的技术比我稍逊一筹，我现在已经完全适应以一敌二了。

这种新的视角让我形成了一种全新的武术交流概念。我意识到只要我能用一只手控制住对方的双手，我就可以轻而易举地用另外一只闲置的手来做别的事情。今天，由此概念产生的技巧已经是武术比赛形式中的一个重要方面了。即使就用眼睛那么一瞥，你就能用单手控制住对方的双手，也许是通过一个角度，或是时间的安排，又或是某种钳手技巧，这样一来对手就陷入极大的危险之中，一只手就可以把对手打败了。这个原则适用于几乎所有进行身体接触的运动项目：篮球，美式橄榄球，英式橄榄球，摔跤，曲棍球，拳击，等等。这在象棋中也同样适用。任何时候一旦一颗棋子可以控制或约束两个或两个以上的棋子时，棋盘上的其它棋子就已经陷入了一种潜在的不平衡中了。从一个更深的层面来看，这个原则在攻击来袭力量时都可以被应用到心理上。在公司谈判，合法交战或甚至是战争本身，如果对手从本质上被暂时控制住或是对手要比你花费更大的精力来牵制住整个局面时，那你就处在优势之中。关键就在于要精通那些能够正确把这个概念应用到你所在领域中去的各种技能和技巧。

从我走象棋的时候开始我就已经熟知这个竞争原则了，但一直到了我不得不用单手时我才开始懂得一旦这个理论被应用到武术中时会产生多大的力量。我从来没有想过我可以在自由式的交流中用单手抵制对方的双手，但老实说，三四周后我已经非常习惯于用左手来避开对方的双手。最终我的右手感觉好像就是多余的奢侈品一样。这次受伤给我带来了很大的激励和鼓舞。

我右手的恢复还有一个很有趣的过程。我想要参加国家比赛，我下定决心不让我的手有任何的萎缩。在我生命中的这个时刻，通过太极冥想我已经融入到身体的各种细微的内在技能之中了。我试图通过高强度的视觉训练来让我身体的右半部分保持强壮。我的方法如下：每天我用身体的左半部分来进行抵抗练习，而每次我就看着这些练习透过肌肉传递到我身体的右半部分。我的手臂还打着石膏，所以右手根本不可能做动作——但我却能感觉到一股能量流入了右手的肌肉之中。虽然只是一种臆想，但却确实起到了作用。我全身都感到强壮无比。医生拆掉我的石膏时惊讶万分，国家比赛前四天的X光检查显示我的骨头已经完全愈合了，而且肌肉没有出现任何萎缩现象。医生同意我去参加比赛。星期三那天，我在历时七个星期之后进行了右手的第一次重量训练。星期五我飞到了圣地亚哥。星期六那天，在我充满力量的左手的帮助下，我赢得了全国赛的冠军。

＊ ＊ ＊

作为一名选手我学到了一件事情，那就是在什么能够使人表现得还不错、什么使人表现得很好、什么使人表现得优秀和什么使人表现得卓越这四者之间存在着很大的差别。如果你的目标只是做到中等，那你出错的空间就会很大。一旦失业你就会心情低落，意气消沉地等着别人打电话来给你一个工作的机会。如果你弄伤了你的脚趾，你就会花上六个星期的时间来看电视，吃薯片。在这种思维模式下，大多数人都认为受伤就是挫折，他们需要时间从中恢复过来或是花时间去应对伤势。对外界的粉丝或是观察家来说，运动员受伤就是在受苦，在比赛和坐冷板凳之间犹豫不决。在我的武术生涯中，我每次身体受伤，像我母亲那样的好心人就会建议我先停止几个星期不要参加训练。但他们没有意识到的是如果我一受伤就停止训练，那我就得坐一整年的冷板凳了。基本上，我总会在受伤的第二天就会回到训练场，想着如何利用这种新情况来提高我某些方面的技能。如果我想做到最好，那我就不得不冒别人想避免的险，不得不经常充分挖掘当时的学习潜力，逆转困境为我所用。不过有的时候身体确实需要时间进行恢复，但这些正是完善我武术学习的思维、技术及内在方面的最好机会。

当你想要做到最好时，你需要一种全神贯注并善于搜寻的思维模式。你需要利用阻碍来刺激你在学习过程中创造新的视角，让挫折来磨炼你的意志。比起屈服于这些挫折，你应该更好地应对受伤或是失败。我们太容易被我们的日常生活方式所桎梏，从而在学习过程中失去创造性。即使那些一心一意想培养出某种原则的人都经常会落入一个思维定律和一种闲散的生活方式，被暗示经过这些事物就会追求到卓越。我们失去了风采。于是一旦受伤或是遇到一些别的挫折就会阻碍我们的发展。我们被逼着进行创新。

最终，我们应该学习如何在不用受伤的情况下也能吸取这种经历的教训：一个篮球运动员应该练几个月的左手技能来平衡在运动中的表现。一个喜欢用右脚的足球运动员不应该一直只用右脚射门。一旦我们学会了如何把困境转化为优势，我们就可以制造有用的成长机会而又不至于带来真正的危险或伤害。我称这种工具为"内在解决措施"——我们能够注意到那些促成有用的成长或是带来表现机会的外部事件，即使这些事情没有真实发生，我们也可以吸收这些事件的成果。这样一来，困境就变成了激励创造性的一个无穷的源泉。

第十三章
让时间慢下来

小时候我总害怕自己永远也做不了象棋大师，因为我没办法记住所有的信息。有时候在上了两个小时的象棋课后，老师说的话对我来说也是左耳进右耳出，我感到自己的脑袋已经被完全填满了。我怎么还能吸收进这么多信息呢？即使我强行把这些东西都死记硬背下来了，我也不知道如何对这些信息进行分类。当然，小时候的这种恐惧感现在听来有点愚蠢——熟练的人能吸收大量的数据信息——但我却很害怕。一旦我们在某个问题上知识广博起来，那关键问题就变成了：应该如何引导并使用这些信息？我相信这个问题的答案就是通向精英最核心层面的门户。

在"划小圈"那一章中，很显然我把重点放在对外部技能进行细微并内在的培养上。现在让我们更深一步来挖掘一下提升的认知在什么状态下可以通过正确的训练来进行培养。在那次超重量级决赛中，我的手受了伤，在我的思维中时间就变慢了——或者说我的认知变敏锐了，把重心都放在了事物的实质上，因此我处理必要信息的速度就比以前快了很多，但我又不觉得自己像是在全速前进。从内在来说，这个经历可以说是有惊无险——我认为这就应该是质量关乎所有的体现。

我的手痊愈了，全国比赛也结束了，这时我脑海中出现的问题是：我怎么做才能让手不受伤却还是可以让时间慢下来？大家都听说过类似的故事，比如说妈妈把汽车从孩子身上挪开，或是在车祸或从楼梯上摔下来时时间似乎就变慢了。很显然，有一种生存技能可以让人类在生死存亡关头把身体和思维能力发挥到一个令人惊讶的程度。但我们能随心所欲地达到这种状态吗？

当我开始思考如何才能持续地让自己的认知时间区别于对手的认知时间时，我意识到我不得不深入研究一下直觉的运行机制。我猜测大家都应该有过这样的经历：我们被某些东西困住了，于是我们转投别的事物，但后来却忽然认识到了最初这个问题的答案。我们中的大多数人可能还有过这样的经历，那就是我们一开始见到某些人就会对他们有莫名的却很强烈的喜欢或厌恶感。我发现虽然有时候这些问题需要花上几年时间来证明，但这种指导本能却是正确的。同样，在我的象棋生涯中，几乎所有启示性的时候都发生在无意识中。我在学习象棋中使用的"用数字摆脱数字"方式让我和我思维中那些无意识的部分形成了一种合作关系。我会摄入大量的技术信息，而我的大脑会用某种方式汇总信息从而形成深刻的理解，这些理解的迸发不像是数字上的结合而像是音乐或微风那般自然。逐渐我意识到这些跳跃的关键就是互相之间的联系——我身体中的某个部位把我所有的知识都协调到一起，使之胶化成力量的迸发，忽然之间本来难以理解的事物都一下子变得清楚明朗了。但到底发生了什么呢？

在心理学家、哲学家和艺术家中，直觉这个问题一直是争论的重点，而且已经成为了我生活中众多研究和思想的一个来源。我的祖母斯特丽·韦金是一位大胆的抽象派画家和雕塑家。她过去总对我说直觉就是上帝的手。艺术家经常把直觉视为冥想。在引言中，我介绍过我在哥伦比亚大学的一位哲学教授非常自豪地对我说直觉的概念并不统一——这种概念根本就不存在。在我看来，直觉是我们在这个世界上最珍贵的指南针，它是无意和有意思维之间的桥梁，我们一定要和使直觉起作用的因素保持联系。如果我们因为没有真正地理解直觉而忽略了直觉，那么我们就会失去跟我们自己的创造性源泉敞开心扉交流的绝好机会。

在这本书中，我用大量篇幅描绘了我对如何做到熟练的看法——首先从基础开始，通过理解训练的原则所在来建立扎实的基础，然后在你个人倾向的指导下拓宽并完善自己的技能，同时和你认为是艺术的必要实质的东西在抽象层面上保持联系。结果就是你可以更好地吸收各种知识，使得这些从个人的着重点中拓展开来的知识相互连接成一个网络。这里我以象棋服务为例来讲一下这个问题，其它训练也都类似。

进行这种讨论的最佳方式就是使用"组块"和"嵌入的神经中枢路径"的方法。和组块有关的是思维吸收大量信息形成一个信息群的能力，这个信息群是通过某个训练的特定形式或原则凝聚到一起的。这个话题最开始的研究是建立在那些棋手之上的，他们被认为是这种复杂的无意识形态整合最典型的例子。荷兰心理学家阿德里安·德赫罗特（1965）以及多年后威廉·西蒙和赫伯特·蔡斯（1973）都先在各种技术水平的象棋手前摆上随机棋局，然后叫他们在空棋盘上重新摆出刚才看到的棋局。心理学家进行记录并研究这些棋手在进行这项任务时的眼图和时间。

相关结果显示，水平较高的棋手在棋局被拿走之后记忆得比别的棋手要更准确，因为他们把棋盘中的某些部分（比如说五个或六个棋子）通过这些部分之间的关联在脑海中形成组块。棋手水平越高，迅速发现棋子与棋子之间相关联的逻辑形式的能力就越强，所以他们记得更清楚。另一方面，当面对随机棋局时，棋手的记忆能力似乎都下降了。有时候，水平较弱的棋手反而会记忆得更加清楚，因为他们对随机的棋局已经习以为常，而水平较高的棋手则会因为失去了"棋局的逻辑"而感到有些迷茫。因此，总而言之，组块是思维的一种能力，它可以吸收众多信息，找到和谐的或逻辑上持续的延展并将此融入到一个精神文档之中，然后就可以像是一条单独信息那样对整个精神文档进行处理。

我说的"嵌入的神经中枢路径"是指创建组块的过程以及组块之间的导航系统。在这里我不会像在讲解大脑运行方式时那样进行详细描述。就说说我用了十五年的时间学下象棋吧。在刚开始的数千个小时里，我的思维一直试图理解象棋的这些复杂多样的信息。想象一下，当你用砍刀劈开茂密的丛林开辟出一条道路来时会是多么的消耗时间啊，但是一旦道路被开辟出来了你就可以在道路上快步行走了。如果你修一条马路，骑上自行车或使用别的交通工具，那交通就会变得更加迅速。

当面对一个新的棋局时，刚开始的时候我不得不在众多变化中缓慢前行。在此过程中，我发现了组织原则和新的移动方式。这种新的信息体系化之后就形成了一个组块的网络，随着我自身导航功能的提高，我也可以越来越容易地接触到这些组块。

现在我们转到象棋的学习上来，看看这些功能是如何真正运行的。我们还是从第一天开始。我第一件要做的事情就是要知道这些棋子的移动规则。我得学习这些棋子的价值，学习如何协调这些棋子。一开始，这些步骤可能看起来很复杂，有兵、马、象、车、后和王。每个棋子都是独一无二的，既有优点也有缺点。每次我看一个棋子我就要记住这个棋子叫什么还有这个棋子应该怎么走。然后我接着看下一个棋子，记住这个棋子又应该怎么走。最初棋盘上有三十二个棋子。为了能够在下棋时做出明智的决定，我要看所有的棋子并且记住它各种明显的职责。当我看到第三个棋子的时候，我已经开始有点模糊了。看到第十个棋子的时候，我就开始感到头疼，前面九个棋子的相关信息早就已经忘光了，而我的对手早就已经不耐烦了。在这个时候，我就只能赶紧走一着，于是就走错了。

所以现在我们说，我们不是从标准开局而是从一个只有王和兵的空白棋盘开始。我学习这两个棋子应该怎么走，然后不停地练习这两个棋子的走法一直到我感觉到走得很舒服为止。接着，慢慢地我再单独学象、马、车和后的走法。很快，我就熟悉了象棋中各个棋子的走法和价值所在。我不用有意识地去想这些棋子，而是可以在看到棋子外形的同时还能想到它们的潜能。棋子对我来说已经不是单纯的木头或是塑料的概念了，而是开始呈现出极具能量的方面。在脑海中飞闪的无数潜力引导的映衬下，这些静静地放在棋盘上的棋子本身就显得很暗淡无光了。我看到了一个棋子是怎样影响到它周围的其它棋子。由于我已经熟知了这些棋子的基本走法，我就可以吸收更多的信息而且看整个棋盘的视野也更广阔了。现在当我看着一个棋局时，我能够一下子就看到所有的棋子。互相连接的网络也随之形成了。

接下来，我要学习协调这些棋子的基本原则。我学习如何最有效地在棋盘上利用我的这些棋子，还学习在某个情形下如何识别决定兵效率最大化的那些路标。这些路标就是基本原则。正如一开始我得分开考虑每个棋子一样，现在我要在大脑中思考各种基本原则，从而想出哪种原则最适合当前的棋局以及如何应用。一段时间之后，我就会逐渐熟悉这个过程，直到最后我只要稍微看一眼就能看到各个棋子和各自适用的基本原则。中等水平的棋手将会要学习象在中局中的优势是如何取决于兵的结构，而水平较高一点的棋手则只会在脑海中闪过整个棋盘的局势，然后就抓住象以及那些关键的结构性部分。结构和象是同一样东西。除了两者之间的联系，象和结构并没有别的什么内在价值，它们在思维中是被组合在一起的。

这种新的知识整合方式有着特殊的效果，因为我开始意识到棋子价值的最初理解和现在相差甚远。这些棋子逐渐失去了个性。我学习车和象结合走要比车和兵结合走更有效，而后和兵结合则优于后和象的结合。每个棋子的力量都是和别的棋子结合在一起的，取决于诸如兵的结构和周围势力的变量。所以，当你现在看到兵的时候，你要看到在几格之外的象和兵之间的关联。慢慢地，每个棋子的基本原则都会变得不那么死板了，你对这些质的相关性所具有的细微标志识别得也越来越好。很快，学习就会变成忘却。水平高的棋手往往并不教条地遵循基本原则的释义。这样就形成了一个新层面的和最初原则有出入的基本原则。当然，下一步就是像学习各个棋子的走法那样吸收内化那些违反直觉的标志。我的象棋知识网络现在包含各种基本原则，格局，以及信息的各种组块。在这个水平中学习象棋就变成了与自相矛盾为伍，和追逐事实的紧张局势和平相处，并进行引导、释放出巩固性的各种理解。

这就是事物变得有趣的地方。我们所处的就是心理学开始超越实战技术的时刻。处在高水平中的每个人都对象棋有很多深入的了解，而成就伟大的原因很大部分就在于内在的风度和意识思维的放松，后者可以让非意识自由流淌。这是一种比较少见但却是被极度误解的思维状态，经提炼之后就会从意识思维的细微整合发展到自由的非意识过程。这个想法就是把主要角色从意识思维转到非意识思维身上，但又不会丢失了意识所能够达到的准确性。

关于这种身体的比喻，你可以想象一下你自己的视觉。我们用你的视觉重心来代表意识思维，用你的周围视觉代表你的非意识思维。有可能你坐下来看这本书，你看到的是这本书。现在放松你的眼睛，然后启用你的周围视觉，你的视觉意识会吸收得更多，你能看到很多周边的事物。现在，下一步就是再次把注意力集中在这本书上，同时维持住周边意识。有些武术家练这个技巧是为了应对有众多对手或是其它突发状况。如果思维足够放松，你就可以准确迅速地处理你面前的事情，同时对你的周边事物仍保持明确的意识。因此，象棋手必须让非意识思维流动起来，同时意识思维也要随之领导和跟随，从而对细节进行筛选，使各事物有效运行并且可以做出准确的数学计算。

大多数人会惊讶地发现，如果你把象棋大师的思考过程和一个象棋专家（实力稍弱，但也是很有竞争力的象棋选手）的思考过程进行比较，你会经常发现象棋大师有意识的观察行为要少得多。也就是说，在象棋大师脑海中存在的信息组块使得他能够用更少的有意识思维观察到更多的东西。所以他观察得虽不多，但看到得却不少。这是一个很重要的原则。（这个原则应用到象棋中的一个专业例子就是一个棋手在面对半开棋盘上的一对敌军的象时进行的思考。这里有一大堆信息是辨认这两个象的动态的重要工具——如，中盘兵的结构，周围的棋子，潜在的交易，转换到封闭性开局或到开放型开局又或到变化性兵结构的收官阶段，主动权，王的安全，解释这些基本原则的准则，解释这些解释性原则的准则，等等。对于一个象棋大师来说，这个一览表会很长。而对于一个象棋专家来说，就要短得多了。但更重要的是，象棋大师拥有一个更加先进的导航体系，所以他能对自己所拥有的象的广泛知识进行快速筛选，在看到象的时候就能马上对所有的相关信息进行处理，但象棋专家能筛选的信息量就小得多，但却要花费更多的时间。象棋大师看得少但看到的却多，因为他的非意识技能组要发展得更加先进。）

现在，想象我正在和一个实力较我稍弱的武术家进行比赛。比方说，我正在向对手发出一招包含六个技术步骤的猛推动作。对手将会手忙脚乱地进行应对，但对我来说这个猛推动作的六个外在步骤只是一整个组块网络的外部边缘。我们的实际情况很不一样。我"看到"的东西比他要多得多。

再来仔细想想我最喜欢的柔道技术，牺牲性投掷的一个变异动作——或者叫舍身技。我正面对着我的对手。我的左手抓住他的右腕或右衣袖，而我的右手则抓住他的衣领。这个技术包含下列各个步骤：（1）我轻轻地把右手推到他的胸上，引起一个反作用力。之后，（2）我同时把对手的右手手臂一拉，交错到他的身体前面，然后把我的左脚抵到他的右脚前，用右手把他的翻领往下拉，稍微转向左侧同时站稳。（3）对手的右脚被锁住之后他就会往前倒，事实上这样对他有利因为摔下去的时候他会把我压在他身下。然而，当他开始往前倒的时候，我的右脚就会滑到对手的两腿之间。（4）当他摔到我身上时，我把他的右手手臂朝自己身上一拉，然后用右脚朝他的左腿内侧一踢，一把把他翻过身来。（5）他摔倒的时候我跟着一起翻滚，就把对手压在我身下。（6）在这个技巧的最后，作为过渡，我一把抓住对手的脑袋，就像抓头巾一样，同时用一招降服锁把对手的右手手臂按住。

当人们第一次遇到这样如此违反直觉的投掷时，他们会觉得很茫然——被迅速摔倒在地后又眩晕地爬起来。我这也是经验之谈。我第一次看到这种投掷是在几年前，我的好友艾哈迈德在训练中对我使用了这个招数。艾哈迈德身高6呎2，体重200磅，他的无数天性来源和我的极为不同。他的短跑速度都能够上参加奥运会的水平了，同时他还是一个专业的舞蹈家、音乐家和武术家。他保持的泰拳实战性踢拳术的记录一直无人能及，而且还受过众多的截拳道和空手道训练。我很擅长太极拳（最近刚刚获得了世界锦标赛的铜牌），也有一些柔道的经验，同时艾哈迈德和我都跟随武艺高强的武术家约翰·马查多老师学习了一年多的格斗术巴西柔术。由于我们两个的背景截然不同，我和艾哈迈德之间的训练经常会带出一些创造性的火花。当这种知识上的代沟存在时，我们之间的过招重点大部分都是放在如何克服意料之外的东西并且把这个比赛带到常规路上来。在别的时候，我们之间的过招就像是在使用铁手套。当从熟悉转变到陌生时，这种感觉就像是思维在无瑕的雪地上飞跃下山去时忽然撞到了一大团泥浆里一样。显然，你最好是那个飞跃下山的人而你的对手则是那个在泥浆里的人。

艾哈迈德和我一直在做自由训练，移动极为迅速，我刚刚还是站着的忽然就头朝下脚朝上躺在地上了，我的大脑甚至还没有反应过来这是怎么一回事。我并不总是受到这样出其不意的袭击。我马上让艾哈迈德分解一下刚才那个投掷的动作，很快我就看出来这个动作包含五六个步骤，而这个动作的基础就是我还没有完全弄明白的巴西柔术中的扫荡。我决定一定要把这个动作练好。我觉得如果这个招式能打败我那也就能打败别的人。所以我就开始了练习。首先，我很仔细地练习各个步骤，一遍又一遍地重复练习，完善自己的节奏和准确性。然后我又把各个动作融合起来，成百上千次地进行练习。

今天，这个投掷动作已经成了我的一个强项。一段时间后，这个技巧的每个步骤都在我的脑海中发展成为越来越详细的细节。对手对我的第一记推手所做出的反应只要稍有变化，我下一记出招就会变化万千。我拉拽他右腕部的动作包含有二三十个微小的细节，以这些细节为基础我可以就对手的细微反应而变换我的动作。当我静立在地面上，绊倒对手的右脚时，我对这个环节的洞察可能包含了四十个变化。

回忆一下当时我被这套完整的动作掀翻在地还回不过神来的经历，这个动作实在是太快了以致于根本没办法观察到，而现在我们在讨论的是这个动作中包括众多明显瞬间的一个部分。当这个动作感觉模糊不清时，我的意识思维就试图要弄清这个不太熟悉的领域。现在我的非意识思维引导了一个巨大的拥有众多程序化信息的网络，而我的意识思维则自由地把重心放在某些必要的细节上。因为这些细节十分简洁明了，我可以很准确地看到这些细节就像我的对手眨眼需要用上很多秒似的。

这个过程的关键就在于要认识到，意识思维虽然很重要，但只能在特定时候吸收并和特定数量的信息联合发挥作用——想象能力就是你电脑屏幕上的一页白纸。如果有许多信息要同时展示，那字体就要变得很小才能把所有信息都写在这页白纸上。这样一来你就无法看到这些字母的细节了。但如果同样的工具（意识思维）被用来在同样的一段时间里呈现较少数量的信息，那我们就能看到每个字母的细节所在。于是时间就感觉慢下来了。

理解这种认识差别的另一种方式就是拿照相机来打个比方。通过实践，我正在制造组块网络，铺设各种可以有效摄入大量数据并让数据传递到处理器上的神经路线——即非意识思维。现在意识思维似乎可以把快门速度从每秒4转提高到每秒300或400转。关键就在于要理解我们训练有素的思维没必要比没有经过训练的思维运行得快——它只需要运行得更加有效，这意味着我的意识思维要处理的东西就可以少一些。从经验角度来说，因为我看得比以前少了，那在同样的时间内我的思维就可以达到每秒几百的转速，而我对手的转速可能就很低（他的思维意识需要处理的信息就会变多，因为这些信息没办法通过非意识思维进行处理和吸收）。我可以以对手根本无法看清的转速运行。

这就是为什么技艺精湛的武术家在水平不太高的习武之人看来显得如此神秘——他们训练自己在各时间段内的观察和操作能力，这些时间段太短了以致于没有经过训练的思维是无法意识到的。

现在，让我们回到刚开始激励我在生活中进行这种思考的一幕——我一直在讨论的这种训练有素的增强性认识的来源是否和那些我们生活中的非常时刻的来源一样呢？诸如遭遇车祸时时间就会感觉变慢，或者拿我自己为例，当我的手受伤时时间也会变慢。回答是既是也不是。这两者的相似之处就在于在生死存亡的关头人们的注意力就会集中到一个很窄的区域。时间之所以感觉到变慢了是因为我们会本能地把注意力集中在一小块重要信息上，这样我们的处理器就可以当它是以大字体显示那样对其进行分解。这种训练有素的思维状态共享这个有意识的重点小区域。区别就在于，在我们的选择准则中，我们通过把所有周围的信息转变成非意识的统一数据而不是通过忽略它来培养这种经验。人类的思维很少进入到这个具有较高认知领域的原因是：如果一个没有经过训练的斗士把所有的能量都集中在他对手的呼吸方式或让人讨厌的眼睛上的话，那对方就会痛击他的脸，把他打倒在地。在多数场合，我们应该注意一下发生在我们周围的事情，而且我们的处理器就承担着处理这种事情的责任。另一方面，如果我们知道直觉是如何运行的话，那我们就可以通过训练自己在我们的重心准则中塑造拥有巨大能量的认知能力和身体能力。当然，关键还是在于不断地练习。

第十四章
破解心理战术

早年研习太极原理时，曾读到一本充满古老智慧的《太极经》，里面有一段话引起了我的注意。生活在18世纪中国的太极宗师王宗岳（清乾隆年间）这样描述自己的武学心得："动急则急应，动缓则缓随。"而随后19世纪的武氏太极始祖武禹襄（1813～1880）则在王宗岳的基础上概括出这样一句话，具有典型的中国式的玄妙深意："以静制静，以动制动占先机。"第一句的意思非常直白，讲的是眼观六路耳听八方，体察对手细微之至的变化并做出反应。这两句揭示了太极武学实战的精髓是"相随"，或者说要成为对手的影子，"如影相随"。而这后面一句让我有些困惑。"影子"是"果"而非"因"，既然如此，是怎样做到抢占对手的先机，行动于自己所跟随的人之前呢？从前下国际象棋所习惯的"精确"思路使我面对这种玄妙思想时犯了难。这究竟是怎么回事儿？

这个问题对于我如同佛教的"禅宗公案"一样神秘。我夜以继日地苦思冥想，完全沉浸其中，希冀在太极推手的训练中能得到实践和解答。诚然，很多中国古代道家学派的教义不能完全按照字面意思来理解，正如眼前这个一样，简短玄妙的字面描述背后隐藏的通常是庞大精深的实践中的真理，而后者才是真正的核心。从国际象棋的经验中我也体会到，技艺超群的大师通常能够进入对手的思维世界，用意念或策略的技巧使对方如同被施了催眠术一般，这就是被我戏称为"绝地武士摄心术"的手段。就我的理解，这套手段的关键就是要深刻领悟能使对手毫无察觉地上钩的技巧。而另一方面，在中国武术中，比起方式识别来更注重的是能量的运用。我的目标就是寻找这样一个混合的平衡点——能量运用的意识、技巧的流动性以及敏锐的心理洞察力。我称之为国际象棋与太极拳的契合交汇点。

终于，我领悟到"以动制动占先机"这句话其实是有关"意念"——从最初读懂到最终操控意念。"相随"理论即影子理论的终极表现形式是角色的互换：跟随者转变成了领导者，在这个关系中流转的时间仿佛在穿过纠结的意志时发生了扭转。这也就解释了那些太极或合气道大师们是如何将对手吸入黑洞一般的场，使对手仿佛在一股超自然力下被掀翻在地。然而实际情况是怎样的呢？接下来我将在前几章的基础上逐渐揭开这神秘的面纱。

* * *

我对意念力量的实践可以追溯到我早年的国际象棋经历。尽管有一点不好意思，但得承认我早在七岁参加学校的国际象棋比赛时，就开始通过耍一些小手腕诱使对手上当，比如走一步铺设陷阱的棋，或是故意突然捶胸顿足作悔恨状。这种过火的表演在当时屡试不爽，我的小对手们通常就会大意地放松警惕，自信满满迫不及待地吃掉我的兵或是其他诱饵。当然，现在看来我那时的那些雕虫小技实在没多少技术含量。然而正如各门行当一样，最精深的技巧往往建立在最简单原始的原理之上。

随着我作为棋手和赛手的成长，我和对手们一起逐渐学习并领悟了越来越复杂的心理战秘诀。到我十一二岁的时候，再去捶足顿胸已然变成了路人皆知的小把戏，但故意稍稍调整我的呼吸节律可能会让对手揣度这是我感觉形势不妙的表现。

我天生不太会扮面不改色的"纸牌脸"。作为一个性格外向直率的人，我往往表里如一。在比赛中我努力将这个特点为我所用，而非试图去改变自己的个性习惯。当一些棋手费尽心机力求"面不改色"时，我大大方方地把自己思维过程中的表情摆给对手看。这样做的目的是利用我的自然本性来支配这场博弈的基调。正如纸牌高手通过轻声哼小调打入对手的思路一样，我则是通过不做伪装来控制比赛的心理。当我自信满满地高高端坐时，我的对手反倒会揣度我是不是在故意掩饰什么。这就是所谓心理反作用？或者是心理反作用的反作用？还是心理反作用的反作用的反作用？除了棋盘上面的过招之外，这是我给对手设计的又一套难以捉摸的谜题。

当然，我也不是完全的"清澈透明"，一些故意做出的误导性的表情也会在我的真实表情中鱼目混珠，俗话说"兵不厌诈"：或故意蹙眉，或面露惧色，或流露出仿佛按捺不住的兴奋。有时这一类的小把戏可以仅仅是抿一口水或闪烁一下眼神。但我不是每次都会用到。和有些对手交锋时，我是完完全全真实的自己，没有丝毫掩饰。可能连续几场比赛都保持这种状态。时间一长，由于我的表情真实可靠，我的对手们都会相信他们所看到的我。我的情绪变化逐渐变成了对手评估过程的一部分，就好像是习武之人已经习惯借力依靠的一条腿，但没想到随后这条腿会猛然抽走。每当时机恰当或是遇到关键对决时，一旦我故意表现出自信的模样，对手的下一步棋就会左思右想慎之又慎。这可真是精妙的艺术。

同时，我也仔细地观察对手的节奏。到了我十八九岁的时候，所参加的比赛大部分是封闭进行的邀请赛，十到十四个顶级高手汇聚到一个长达两星期的拉锯战中。这其实不如说是无声的心理战事。想象一下，十四个世界级的顶尖棋手聚集在百慕大海崖上的一个小小的度假胜地，我们一同吃饭休息，一同漫步海滩，彼此间建立了微妙的友情，我们也会彼此交谈比赛的心得——然后到了每天下午三点，我们就投入无声的战斗。这种环境无疑是心理大战的温床。

就是在这几年，我开始将人们的生活习性与其棋场作风进行比照。伟大的棋手自然都对自己的棋场表现收放自如，然而在日常生活的细琐时刻，即便是最精明的棋手也会不经意地暴露个性中的细微之处。比如说，一个大师在餐桌上尝到苦味时微微皱了一下鼻子，这可就暴露了他的一个微妙的小秘密了。如果发现一个人在自助餐厅排队等待时表现出了焦躁，那可能就说明这个人面对紧张压力缺乏耐性。甚至去观察人们在雨中的表现都能获益匪浅：有些人用手遮住脑袋在雨中急急奔走，而有些人在雨中放松地微笑，享受迎面的雨丝满足地深呼吸……这些是不是可以说明不同的人与逆境的关系，以及对意料之外突发事件的反应，对掌控力的需求呢？

待到开始武术比赛的时候，我已经对自己的这一套秘诀了如指掌，并且非常善于支配对手对我情绪产生的印象。我甚至到达了一个很高的境界，能够读懂每一个小小面部紧蹙的心理活动。在这些年里我开始实践和培养系统性地控制对手意念的方法。

在国际象棋交锋中，大量的心理观察和操控最终都体现在牵动对手思维的微妙过程。而在像武术这样的身体较量中，控制对手意念将产生更加直接和明显的猛烈效果。想象下面的这个场景：正在与我交手的是一个久经沙场的比我重50磅的太极推手。这是一个优秀的选手，敏捷、强壮又好斗。我要做的是脚下生根，不能被掀出场上的这个圈。在这场争锋中我没有力量上的优势，要取胜关键就是要在心理上占得上风。争夺开始了，我们的手腕交叠在一起。我在他的手腕上轻轻用了点力，他立刻回敬，用力推了回来。比赛的状态这样确定了：从交锋一开始，我们就这样彼此周旋着。我试探性地佯攻，每次他都不客气地回敬我。我们彼此死死钉住对方，右臂都环绕在对方的左腋下面，彼此的右腿都在前面。我的右肩试探地搏动了两次，两次他都用力回应了我。接着我打破了这种僵持的状态，向后退了一些。我们现在就隔着一段距离搏击。有几次我推向他的身体中部，他自信地稳稳站住。然后我故意留出了一个空档让他到我近前，使两人恢复了之前的交叠。这时我再次用右肩试探性地搏动，非常轻微，在他用力地回击时我猛然抽空右边，他被吸了进来，重重地摔在了地上。他却面露不解。这是怎么了？

这就是充分展现意念作用的一个实例。我所做的就是仔细观察然后触发对手的反应。他仗着块头比我大得多，自然想在交锋中以强势占上风。交锋开始我试探地对他的手腕施力，这时他本可以平衡掉这点力量，然而他却每次狠狠地回击过来。我故意让他的自大膨胀起来，这时他已经掉入我的圈套。接下来我和这个大块头死死钉在了一起，两次施力却并没有打算推动他，我想做的只是进一步激发我们的节奏。他强大我弱小，我每次施力，他都使劲回敬。你可以想象一下，当他对我的肩部搏动回以强力的时候，我其实支撑了他身体的部分重量。这时我就仿佛变成了他的一条腿。当我第一次从僵持中后退的时候，他自我感觉好极了，一定认为自己占了上风。而我就继续激发他的回击斗志，然后再回到彼此僵持中。这一次，我的肩部搏动非常微弱，他想也没想就回击了过来，几乎成了一种条件反射。然而就在我的搏动和他展开回击的短暂间隙，我发动了一次基于他意料之中反应的突然进攻。我抽空了身体右侧，这样一来他用以借力的那条"腿"就被抽掉了，这时我又利用了一点急促有力的技巧加速了他的运动，他还没搞清楚怎么回事就摔在了地上。每当武术搏击中遇到这样的时刻，总是让人感觉如此的神奇。他就这样猛然间像被吸进了一个黑洞，正由于我们的最后交手进行得如此不露声色暗藏玄机。

在武术实战中，这种类型的交锋当然会更加高妙。想象一下这个你来我往的过程。真实的状况是我们的手腕交锋的那一刻，我只施加了小到不能再小的一点力气，我的对手在坚守阵地的时候完全没有意识到他已经在作出反应了。他已经被摄入了一个两步曲的圈套中来，他第一步的反应已在意料之中，而我将在他的第二步之前行动。如果我在第一步中做得足够轻巧微妙，采取进一步的行动就很难被轻易觉察。我的两步浑然一体。这就是所谓的"以静制静，以动制动占先机"。

* * *

现在想象一个更加有趣和富有心理玄机的场景吧，一位技艺炉火纯青的魔术师表演的纸牌魔术。台上的魔术师邀请了一位观众参加表演。这是一个真正的局外的观众。当这个志愿者上台来以后，魔术师在整理纸牌的同时使这个观众的注意力集中在纸牌和自己身上。然后魔术师将这副纸牌（这确定是一副真正的牌）放在了桌上，让这个观众心里去想一张牌，并在头脑中间浮现出来。接着魔术师重新洗了洗牌放在桌上，请这个观众掀开最顶上的那一张。这竟然就是他刚才脑中浮现的那一张！到底怎么回事？这个魔术师真的施了读心术然后奇迹般地从52张纸牌中选出了那一张么？当然不是。

　　这里的幻术实际上和武术大师所运用的意念控制有异曲同工之妙。成功的关键就在于对这个观众有意识和无意识心理的微妙操控。这一切在"魔力"施展之前就发生了。当台上的这两个人面对面轻松交谈的时候，魔术师就掌控了这个观众的注意力。这个互动的过程实际上全在魔术师的操控之下。这个观众做的只是回答一些问题，做魔术师要他去做的，努力在台上表现得精神。在这一切进行的间隙，在台下观众无人能察觉的瞬间，魔术师在手中闪出了一张牌，手上动作之快，迅雷不及掩耳。就在这个瞬间这个观众的视线一定下意识地捕捉到了这张牌的牌面，尽管他自己可能都没有意识到。他此时正沉浸在与魔术师的轻松对话之中，突然间被无意识地灌输了一个图像意念。当他被要求去浮想一张牌时，实际上在这之前已经在他脑中有了一个下意识的选择，那就是刚刚被魔术师"植入"脑中的那一张。接下来就是要在洗牌过程中保持这一张牌始终在最上面，而这对于一个精通手上功夫的魔术师来说无疑是小菜一碟了。这个小把戏的微妙之处就在于，一旦魔术师没能完全掌控这个观众的注意力，或者如果这个观众够聪明，意识到自己被编排了，他就可能主动去选择另一张牌——这样的话，这个把戏就露馅儿了。

＊　＊　＊

　　如果一种互动的模式被对手所识破的话，这种对思维意识的操控就无法顺利进行。正如我之前描述的太极推手交锋中，如果我的对手能够意识到我试图操控他的意念让他的自大膨胀，他就可以挫败我的企图。我佯作不安并向后退，这使得他对自己的强势自信满满，丝毫不会留意到自己是否掉进圈套了。这一系列微妙的心理交锋最终爆发成对他的一记重创。如果真的对他使劲推挤，他定能识破我的用意。我必须将一切进行得不动声色，让他无法察觉。

这里体现的就是"缩小活动范围"和"放慢时间脚步"。在和技艺超群且思维敏捷的对手交锋时，心理战变得尤其微妙。两个人的交锋变成了一场无声的心理战：你要读懂对方的每一种呼吸节奏和每一次眼神闪烁，要在对方毫无察觉之下施展自己的操控技巧。一旦我能够更深入细致地领悟这一系列的行为，就可以在对手不知不觉中操控了他的意念。

下面的小例子能够展示完成这个技巧的过程。现在请保持双脚以肩宽间距站立。将你的重心全部放在左腿上。然后想象有人站在你的左边，通过你的左臂非常用力地推你的身体。那么你将如何保持平衡呢？这时你不得不抬起右腿，顺势将右脚重新"钉"在几英尺之外的地方保持站立——就跟向一边跳开了一样——好，这没有什么问题。接下来把你的重心全部放在右腿上，这次一样保持两脚间距为肩宽。如果有人从你的左臂用力推你，这时问题就来了，因为你现在右腿稳稳"钉"在地上。我们知道在疾速移动中保持平衡的一个基本要领就是双脚不能交叉，那么现在当你跃起的瞬间，如果你想努力不摔倒，你的左脚将不得不和右脚交叉。这时你很可能会整个失去平衡重重摔在地上。这个简单的道理实则深藏玄机。

太极推手比赛的大部分时间都是两个选手纠结在一起。彼此的手掌和臂膀都在微妙地试探对方。当我施力于对手时，他的反应可能是用力回敬我，或者是抽空他身体被我施力的部分，避开我的进攻。无论是哪一种，这里都有一个重心的微妙转移。这是制胜的关键时刻。每个人将重心从一只脚转移到另一只的过程，重心所在的那条腿在瞬间一定是"钉"在地上的。在高水平的比赛中，选手之间的进攻可能相当用力。一旦有人稍稍失去平衡或是无法面对进攻自由行动，他就会被掀翻在地。如果我在交锋时瞅准对手右脚"钉"在地上的瞬间对着他的右脚突然施力，他就无法保持平衡了。这时他的脚下步法将会一片混乱。这一点并不是武术竞技所特有的。在网球赛场上，当一个选手身体左倾而同时将球不遗余力地向右方击出，这时对手通常会毫无防备束手无策。在NFL（美国国家橄榄球联盟）、NBA或世界杯足球比赛中也是一样：如果一个运动员能让对方的防守队员在错误的时间把重心转移到了错误的位置，那么他就可以长驱直入，而留下对手自己绊倒在地。实际上在每一项身体竞技体育中，一旦你精通并能掌控步法，你就会成为场上不可小觑的一员。

那么接下来我们想象一个运用这个重心转移原则的比赛场景。这里存在两个彼此交织的因素：第一是简明快的技巧；第二是深层次的领悟。我们现在的目标就是要利用对手在转移重心的那个瞬间而取胜。要达到这个目标可以有很多的小秘诀或对手的弱点可以运用，比如对手呼吸的节奏，身体的紧张程度，对技巧的领悟欠火候，自满的情绪，情感的泄漏，注意力的分散，以及一系列其他可以为我所用的下意识的可以预知的习性。为了简单起见，我们只关注对手的眼睛，确切地说就是眨眼的过程。

首先，大部分的人都不会意识到自己的眨眼，于是也不会想到这会成为交手时被研究的一个突破口。即便是对于顶尖选手来说，也不太会有人认为眨眼会有什么玄机——因为它毕竟转瞬即逝，一切都再正常不过。然而事实并非如此。伴随着眼神闪动的是人的意识细微变化，于是一个技艺超群的选手就会去研究它。这里再次用到了"让时间慢下来"的方法。在经历了本书前面介绍一系列的训练之后，如果你对自己选择原则的非意识理解已经足够深刻，并且已经学会了依靠现实和直觉来处理时间的技术构成，那么，你的意识就能够将足够细小的数据进行放大——在这里就指的是眼神。我们的思维是如此的错综复杂，所以当我们面对一个极其细小的材料时，可以做到全神贯注，将其破解成更加细微的细节。当你的全部意识集中在眼神上时，你会发现眨眼经历的时间仿佛变长了。这时我们会发现眼睛从将要闭合到闭合、再到将要张开最后到完全张开。我们要的就是这个。

下面回到我在太极推手中和高手过招的经过。我站在场上，能够感觉到他的重心，他的行动节律，以及他的眼神变化……他身上能说话的部分有很多。在一个眨眼之前的瞬间，也许能发现他的腮部微微抽动了一下，也许能觉察他的瞳孔周围有零星湿润的痕迹。也或许他的眼睛稍稍闭上了一会之后才睁开眨了一下。这一切都是如此细微，我却一一看在眼里记在心上。我们俩的右腿都向着前方，两个人绕着场地在移动。在推手交锋中选手必须脚底生根保持不出界。有时候你不得不将后腿的重心转移，然而这个过程却不能花太长时间，因为在这期间你没有什么行动的余地了，你的身体这时没有多少弹性空间。有经验的选手都深切明白这一点，但他们训练时的小小习惯却可能成为对手制胜的关键。我们两个人在场上这个小小的圆圈里和时间一同流转着，突然，在他眨眼的瞬间，或是在他眨眼之前的间隙，我施展了一个两步曲的行动，先左手，再右手，施力推进对手的身体。我的举动非常轻柔，并没有真的推进多少力气。形势似乎没什么变化。但是我的右推手迫使他重心从前腿转移到了后腿。当我撤走我的右手推力时，在他眨眼的间隙，他的状态发生了细微的变化，他下意识地试图恢复前腿的重心位置。就在这个瞬间，我利用了他试图前移的过程发动了一个突然袭击，而他此时正在用力企图前腿生根。如果我状态足够好，这一切在他眨眼结束前就可以完成。他自然被掀翻在地，可能直到爬起来时还仍然不明就里。

比赛中我的这套战术屡试不爽，时间一长我的对手们都跑来说我一定是耍了什么神秘的招术。因为他们往往是前一刻还脚下生根下一刻就翻倒在地，在这眨眼的瞬间他们既没有感觉也没有目睹任何变化发生。这里当然没有什么玄学招术，有的只是一些心理战术和搏击技巧的融会贯通。我读出了对手即将眨眼的信息，然后通过判定他转移重心的时刻来进一步操控他的意念。如果一切顺利，我的两步曲行动就可以逃过对手的注意。这里要实现的仅仅是操控重心分布和移动的过程。我要指出的一点是这个运用眨眼的例子只是诸多做法中的一个，在实践中也不是次次灵验。

在备战2004年太极拳世界锦标赛时，我的主要陪练就是我的密友丹尼尔·考菲尔德。丹是一个杰出的武术大师，在他的重量级里排名世界第二。他出手凶狠，在赛场上明察秋毫，哲学家的气质使得他的武术风格独一无二。在为世锦赛备战的集训中，每晚丹和我都要在训练垫上摆出剑拔弩张的架势，彼此视为真正赛场对决的敌人。在多年的深厚友谊之上针锋相对的确让人感觉有点怪怪的。我们对彼此的套路都了如指掌——我们之间没有什么技术上的秘诀可言——于是我们的对决变成了心理的较量。在备战的最后三个月里，我们俩甚至达成了一个铤而走险的君子协定：彼此不为对方的安危负责。这就使得我们能够像在赛场上一样放手搏击，彼此将毫无保留。我们俩中不管是谁稍有迟疑，就会被对方打得落花流水，然后就只能眼睁睁熬到下次争锋了。每当我们发现了对方的一个软肋，就会毫不留情地穷追猛打，直到对方采取了防守上的调整。我们所做的远远超越了单纯的竞技，我们在磨炼着掩饰自己和挖掘对手微妙信息的能力。

丹聪明伶俐，爆发力惊人，技巧上同样咄咄逼人。他对我的每一个细小的习性都了如指掌，和他交手时甚至呼吸都会成为暴露自己的危险信号。我们交手时哪怕我只是走神了0.01秒，那么下一刻我肯定被掀翻在地。每每我们交锋的场地上，空气仿佛凝结了一样。我们把训练的过程拍摄下来，每一周我都会将这些视频进行细致分解剖析。我们俩在不同的日子可能状态会有不同。时光之流对于我们时而缓行潜移，时而如白驹过隙。有几次丹的状态好得没话说，我只是一个眨眼，霎时间就被掀到了半空中，不由自主就飞出了界。这原本是属于我的秘诀啊！在这之前还从未有人对我用过呢。于是我作出了防守的调整，之后再要眨眼时我会习惯性地后退一小步或者试探一下丹，为的是制造出一个小小的防备距离使他无法趁虚而入。也有几次我自己状态高涨的时候，我利用了丹对我眼神的注意来算计他，故意眨眼企图陷他于不利。然而他很快识破了我的诡计，我们的心理较量就这样不断地升级。如果我们两个都意识到一个软肋，那么就会想办法对付，使得软肋"不软"。然后再继续挖掘和研究其他的软肋。我们的交锋就这样愈演愈烈。

　　这种心理的交锋几乎是所有高水平交手过程的核心——这里我指的是广义的"交手"。比如说，一个汽车推销员和他的目标客户之间就可以称为"对手"的过招。当两个头脑训练有素的人在任何场合中针锋相对，双方就将比拼谁能掌控对方的思维。这种你来我往的交锋就好像一场势均力敌的网球比赛，交战双方轮流抢占着上风，其中一个选手抓住了对方暴露的一个似有若无的软肋，而对方觉察出了危险，赶紧将之赶出自己的思维领地。

　　那些头脑训练有素的竞争者们可能在这一点上有所研究，而就我的观察，大多数人不太会去在意这些心理上的微妙。这对于一个机敏的对手来说就很容易有机可乘。所以当你和一个深谙此道的谈判员、推销员或是律师过招的时候，要千万当心了！你需要明白这种交锋远远超过了传统意义。当双方有一个比另一个更深谙此道时，设计心理反射就容易得多了。橄榄球场上，四分位队员使一个眼色就能让防守队员紧张得满场飞奔。房产商们经常紧蹙眉头，不停地看表，表现得非常不耐烦，很多顾客就紧张兮兮地交定金了。国际象棋交锋中，棋手掌握了比赛的节奏，尽管已经胸有成竹却正襟危坐，迟迟不落棋子，最后不早不迟，就在他预料对手要起身去洗手间的当口落下棋子。这是何故？让对手去洗手间好了，等他回来的时候，我方已经全然控制了比赛的节奏。对这些动态因素的有意识的应用无疑会增加你的筹码，让你变得难以捉摸，即便遇到最精明的对手也有机会翻盘。

领悟这些心理交锋的技术基础是很关键的。与有些所谓"功夫大师"自大的宣称不同，操控对手的意念实际上并没有什么神秘色彩。这只是和诸多其他技巧一样可以逐渐培养的能力，以上的这些章节就见证了我揭开这层神秘面纱的过程。

PART

3

万物合一

第十五章

自在从容的力量

　　2005年10月，我在亚马孙丛林里待了两星期。我父亲为了他那本名为《梦想商人》的书，不得不去巴西做关于金矿作业的调查，而我绝不能让老爹在没有我陪伴的情况下深入丛林。和我们同去的还有我的老朋友丹，因为他一直向往亚马孙河。我们此行的大部分时间都待在马瑙斯（巴西西北部城市）以南250千米的一个名为突帕那的地方。在这儿，跨亚马孙高速公路作为唯一与文明世界相联系的纽带，在其所及范围的最末端，凹凸不平的双行道马路退变为了小石子路。森林的华盖肆意地从四周簇拥过来，直到盖过彼此，荫没最后一寸剩余的空间。每隔十或二十英里，就会见到几乎与世隔绝的小村舍。在这块偏远的巴西土地上，人们对生死有着深深的敬畏。在这儿，没有我们大多数人所熟悉的应急设施。没有杂货店，没有医院，没有救护车，也没有警察能救人于危难之中。亚马孙人都有着这样的共识：丛林时刻准备着吞噬掉那些掉以轻心的人。没人敢独自走进这片大森林。大多数人身上都携带着武器，因为危险真的不容小觑。

当我们住在雨林中时，一个名叫曼纽尔的人为我们做向导。他是一个地地道道的亚马孙人，出生于突帕那，大约50岁年纪，体格健壮，有着一双褐色的眼睛，身上流淌着丛林汉子的血液。他带领我们穿梭于茂密的树林中，无声地示意我们看那有着治病效用的树木，各种动物留下的痕迹，各式的昆虫，猴子们嬉戏的藤蔓——所有属于这片森林的印记。一次又一次他停下来，扬起一只手示意我们也停下。几分钟过去了，我们就这样静静地站着，竖耳聆听那空气中飘忽着的动物们在近处进食和走动的声音。曼纽尔和他尾随在我们身后的朋友马塞罗都带着枪，因为森林中的猛兽永远都令我们忌惮。

这一路上我和丹询问了很多关于美洲虎的事。夜行于丛林中，我们都渴望着能与之邂逅。手中接过长矛，心里感觉踏实了许多。但曼纽尔一次又一次地摇头说，如果美洲虎真的想"见"你，那你根本没有什么反抗的机会。很少听说有人在丛林里见到了美洲虎。如果你真见到了，那么可能离死也就不远了。结伴出游的人们一般都会相安无事。有时，掉在队伍尾巴上的人会遭遇从后而来的突袭。但猛兽们通常都会避开这些结伴的人群，因为它们都是鬼祟的猎手。如果有旅行者只身穿越森林，猛兽们会蹲伏在高悬的树枝上，朝着繁茂的森林深处俯身聆听，等待着猎物的出现。待到袭击来临时，它已经出其不意地对你的脖子下手了。在曼纽尔对美洲虎的描述中似乎有一种对其力量、机智和勇猛几乎宗教般的神圣崇拜。但如果当时我手中有把大砍刀呢，难道这样也没有生还的机会？

一天夜里，躺在腾空的吊床上，浸淫在无边的黑暗与大自然的夜曲中，曼纽尔给我们讲述了一个几年前发生在他朋友身上的故事。这人名叫乔塞，出生在亚马孙。他对丛林里一切的声音、味道和印记都了如指掌。他会用树汁和煮过的树皮、树根和树叶来治愈每一种可以想到的小疾病。他攀爬藤蔓如猴子般灵敏。每当黑夜降临时，就带着他的吹箭筒和抹了毒蛙液的标枪入林捕猎。乔塞能够独自分辨声音和气味，在寒夜的森林里倾听猎物的动静，向黑洞洞的树林掷出标枪，为一家老小的晚餐桌上奉上他所捕获的美食。他是为数不多的几个敢独自挑战丛林的人。在这些夜晚，他将面具戴在自己的后脑勺上。面具上有向后直视的眼睛能迷惑企图从后偷袭的猛兽。那柄他挥舞起来虎虎生风的标枪和吹箭筒就是他仅有的武器。

一天，暗夜笼罩着一切，乔塞穿过森林走在回家的路上，他将一只捕获的小水豚系好搭在后背上。突然一个激灵他停了下来仔细聆听，不远处传来猛兽低沉的喘息声。他已经闻到了它的味道，知道它就在近处。他探了探身边的箭筒，经过一晚上的捕猎，里面已经没有箭支了。当时乔塞正站在一棵巨大的塞姆梅拉树旁，这种树能帮助亚马孙人在丛林里进行长距离的沟通。乔塞赶紧取下他的砍刀，飞快地前后挥舞起来。砍刀敲打在大树庞大的外露根系上，在黑夜里传递着求救的信号。在一英里之外都能听到大树剧烈的振动。或许他的儿子能够听到赶来救援。

乔塞站在那儿大气都不敢出地等待着。他已经闻到了它的存在，它就在身边。不一会儿，一只两百多磅的黑色美洲虎从离他二十英尺远的树上蹿了下来，开始慢慢地向他靠近。乔塞永远都记得那双闪烁着黄色幽光的眼睛，就像是魔鬼在向他走来。他清楚地明白，如果这时候逃跑，它会顿时向他扑过来。他将晚上捕获的猎物抛到身前的空地上，握紧手中的标枪摆好架势，然后有节奏地舞动起手中的武器来，时刻准备着一场生死搏斗。这只虎先是直直地向他走来，但随后又改变了路线，在距其八英尺的地方停下开始来回踱步,一直都保持着有一段距离,但眼睛却始终没离开过它的猎物。它直勾勾地盯着乔塞手中的标枪,眼睛随着它移动。

刚开始乔塞还能从这只美洲虎移动的步伐中稍微宽心,以为或许它还在犹豫之中,掂量着这块到嘴的肥肉。几分钟过去了,乔塞挥舞着的胳膊已经开始酸痛。他看到虎腿上强健的肌肉,想象着它们怎样推助着这野兽将他扑倒在地。应该有一次机会。当它扑过来时他需要闪躲开并飞快地向它攻击。他必须一招取下它的脖子,或砍下它的一条腿来,反正无论如何,一定得闪避开它像刀刃般锋利的爪子。这些都是在一瞬间中发生的事。但等待已经消磨掉了他的意志。他的整个身体的弦都绷紧了,为即将到来的战斗和爆发严阵以待,但面前的它却依旧轻松悠闲地踱着步,黄色的眼睛幽幽地闪着光,慢慢地向前逼近,七英尺,六英尺。十分钟之后这拉锯战的压力已经击垮了他。乔塞浑身都被汗水湿透了,他的右胳膊因标枪的重量而颤抖着。他换了换手,改用左手握住武器,默默希望在他稍做休息的这一分钟内,这老虎没能看出他的不适。他有点晕忽忽的宛如做梦的感觉,就像是被这老虎给催眠了一般。恐惧淹没了他。如他一般的丛林英雄也崩溃在即。

十五分钟之后,老虎开始加快了步伐。它挺身向前,一会儿又侧过身来盯着舞动着的标枪,然后又返身回去,继续踱步。它在寻找空子,默默感受着武器挥动的频率。乔塞想尽一切办法拖延着时间。他绷紧了神经,这双黄色的眼睛像是要把他吸进去了一般。他的身体战栗着,忍不住开始啜泣起来。他开始一步一步向后退去,而这是一个错误的决定。这虎开始逼近,直直地向他走进。它亮出了它的尖齿,蹲伏着做好了扑过来的准备。乔塞自知根本没法抵抗,彻底放弃了。此时天空中一个炸雷声起,接着传来叫喊声。老虎顿过身去,又一个雷声袭来,紧接着灌木从中蹿出两个吼叫着的年轻人。乔塞的儿子拿起他的枪来，不过此时猛虎已消失在夜色中，只留下他的父亲瘫倒在丛林地上啜泣。三年之后，乔塞都还没能从这次经历中恢复过来。村民们都说他疯掉了。他的精神已经完全崩溃了。

当我听到这个故事的时候，正躺在亚马孙的夜色中。我惊奇地发现自己跟这个故事里的掠食者和被掠食者有如此惊人的联系。我过去经常在棋局中制造一些麻烦让我的对手因为压力而崩溃。我喜欢未知的局面，喜欢创造问题，但他们想要的却是答案。当没有答案时，我甘之如饴，但他们却被吓到了。如此一来，我就成了游戏的掌控者。随后我所设下的心理棋局变得更复杂了起来，胜利也就在手了。在我最早几次与国际大师们交手中，我通常如乔塞般被击垮。在棋局上端坐的双方地位应该是非常公平的，但当压力越积越高，就感觉像是有一个虎钳慢慢地卡住了我的头，越来越紧，越来越紧，直到逼近了我的爆发点。到那时我会像乔塞的后退一样做出让步。就这样，一个小小的疏忽就改变了整个棋局的性质，在那时任何东西都能给我的脑子增添压力。就这样一来，他们全都打败了我。

大师们知道如何抓住最微妙的机会以制胜。要想达到这种境界唯一能做的就是坦然接受痛苦，直到我能将数小时让人麻木的头脑煎熬当成是闲庭信步。毕竟这虎钳，只存在于我的头脑里。我花了几年的时间来训练自己如何控制压力——自如地应付不断累计的压力。后来作为一名武术家，我也巧妙地利用了这一训练成果。因为我对压力痛苦的忍耐能力比其他人要来得强，所以我能使对手因心急如焚而自我崩溃。

在每一个领域，区分强者与弱者的标准很大程度上取决于在危机关头是否能够保持清醒的头脑，保持冷静，从容自如。在比赛中，对抗的态势是相当明显的。如果一个选手表现得从容不迫，而另一个选手已经开始被心理因素摧垮，那么比赛的结果已经不言而喻了。被掠者已经不能客观从容地应对时，会出现一次又一次的失误，掠杀者此时就能步步紧逼出杀招了。更微妙的是，这种心理战术或许对需要独立完成的比如写作、绘画、学术思考或研究来说更为重要。在没有外部推动的情况下，我们必须成为我们自己的监督者，有多从容成了最好的标尺。如果我们只以"度过此生"来作为生活的标准，那么永远都不能指望杰出。而另一方面，如果发自内心深处且灵活的从容成为了习性，那么生活、艺术和学习将会变得丰富多彩，而这种丰富多彩能带给你不断的惊喜和愉悦。那些高人一筹的人都是能将创造潜力发挥到极致的人。对那些生活的强者来说，从容应对每天的学习过程的心理就如同他人梦想着在危机时分能体验最高潮瞬间的那种执著。

　　每件事情都会有面临危机的可能。在实际生活中我们越从容，就意味着在比赛中，在董事会上，在考试中，在手术台上，在更大的舞台上我们就能把从容这一品质发挥得更好。如果我们还想追求卓越，那么我们就必须适应自我激励和控制的生活方式。从容应对所发生的一切，像呼吸一样自如。

第十六章
释放压力

我怎样才能学着随心地进入那个空间，让它成为一种生活方式？我怎样才能在压力下聚精会神，遭受攻击时仍淡然自若，坚守原则，克服一切干扰？当我情感失控时我该怎么办呢？

在第一部分，我讲述了在我的国际象棋生涯中，主要是在学习过程中的插曲。现在，我想简单地从心理学的角度来回顾这些年的点点滴滴。回想起我还是个小男孩的时候，有时我沉浸于象棋的世界里，把外面的世界抛到九霄云外。世界上只有我和象棋。在这些时刻，我妈妈总说我就像变成了一个老人，我可以集中精力一玩就是好几个小时，这种炙热的注意力让她觉得把手放在我的眼睛和棋盘中间就会着火。其它的日子，我就精神散漫，嚼着口香糖，在华盛顿广场公园左顾右盼，冲着行人笑。而我可怜的父母和教练就得坐在那，不管哪天我出了什么乱子，他们都得给我收场。

还好，开始象棋比赛了，我就要更加始终如一，因此，我开始花精力在锻炼我的注意力上。坐在棋盘旁，当我想出去走走，情绪浮躁时，我忍住躁动，并更加努力地工作。我是一个要强的选手，从不放弃自己的目标。顺便说个有趣的事，我那个早熟的妹妹在3岁时就拿我这个不言败的性格来开玩笑，她在巴哈马德沙滩上让我打开椰子的壳。我会花数小时在太阳下敲打椰壳，不愿放弃，直到她喝着椰汁，啃着椰肉走开。比起别的对手，在我学究式的象棋人生中，我几乎总是能把更多的精力投入这场战斗中。如果这是一场意志之战，我赢了。

我开始参加成人比赛了，我那使不完的精力和注意力有时就不管用了。如果你翻回《软区域》那一章，你就知道，我从那时就开始不能应付音乐或其它那些在我脑中挥之不去的干扰因素了。一开始，我试着排除世上的一切干扰，让万籁俱寂，可是这反倒放大了噪音。随便几声曲子，观众的窃窃私语，远方的汽笛的鸣叫，滴答滴答的表声都会塞满我的脑袋，直到这盘棋无法进行下去。之后，我突破自我，跟着音乐的拍子，迎接干扰，并发现无论外界如何，内心是可以保持一份专注的。这么多年来，我训练自己处理险境的能力，使这些状况能对自己有利。

事实表明，我人生的下一步举措在一个更大的范围内检验着这种训练。我15岁时，《王者之旅》这部电影上映了，我的生活也随之挺进好莱坞。突然间，站在媒体的聚光灯下，由于肩头多出的压力，我在象棋界的战斗变得不那么单纯了。我参加比赛时，棋迷们蜂拥而至，照相机寸步不离。其他选手嫉妒得火冒三丈。要是我能当时再成熟点，我本该能把这段年轻韶华的经历伴着乐曲写入这本书中。可是我那时没有调整好，又一次地坚决把所有的事情拒之门外。我没能随着生活的新变动推动自己前进，而是在每场比赛中投入巨大的精力，以此来缓解压力。

我对两场比赛还记忆犹新，都是在我一度变成一个狂人的时候。一个是美国青少年锦标赛中一场至关重要的比赛，我面对的是才华横溢的罗马尼亚裔选手，特级大师盖博瑞尔·斯科怀特泽曼。另外一场是1994年的美国锦标赛上，我对阵那时我的教练，特级大师格里高里·凯达诺夫。两场比赛无论从职业上，还是声势上，规格都很高。我严阵以待，精力的强度有点大得过了头。在比赛中，当我虎视眈眈，眼神如炬地看着棋盘，全力对付棋局，斯科怀特泽曼走到坐在观众席的我的父亲身边，对父亲说他还从来没有看过我这样，他说我的注意力太强烈了，坐在我对面会让人心惊胆战。和凯达诺夫交战时，我觉得自己就像笼中的猛虎，身上冒着原始的能量。我赢了这两场比赛，还下出了我最有灵感的招数，然而有趣的是之后我就完全被挖空了，在这两种情境下，我的锦标赛也立即一败涂地。我失败了，剩下的比赛也毫无战果。

总之，我乱作一团。从一个小男孩开始，我就学着怎样在特定的时刻处理杂乱的事情，可是这件人生中更扰人心的事情沉重地打败了我。若在一个的孤立的背景下，我能克服这些问题，我总能带着这些问题参加大赛，但是这所需的不堪设想的强度竭尽了我的精力。在高水平的象棋界有很多大赛，一些为时颇长、耗人体力的比赛接二连三，持续不断，一些长达数日或数周。我知道在短跑中怎样爆发冲刺，但在马拉松跑中，我却跑没了油。细水长流成了一个要命的问题。曾几何时，我雄心勃勃，势不可挡。但我也会走出臭棋。我是该学一门学问了，那就是要有一个长久、健康、能自我保持的巅峰表现。

1996年秋天，我父亲听说了一位竞技心理学家吉姆·罗尔，他在弗罗里达州的奥兰多开了一家表现训练中心，叫做LGE。LGE（最近改名为人类表现研究所）由罗尔，享誉盛名的运动营养学家杰克·葛拉伯和一丝不苟的体格训练师帕特·埃其贝利共同创立，这里的环境使身体和精神达到完美的统一。在我1996年12月第一次到LGE的时候，那里已经成为很多运动员的圣地，在那里，他们可以锻炼表现技巧，使营养方式专业化，制定出详尽的每日训练计划，达到进步的最大化，平衡公众和私人生活。国际水平的网球，高尔夫选手，NFL，NBA的明星，奥林匹克运动会的运动员，顶级的CEO们，FBI，在任何一天，基本上各种精英人士都会在这个高科技的健身房里锻炼，与运动心理学家会面，或是相互就自己经历的相似点闲聊。

我难以忘却第一次在LGE肌肉健身房的那个下午。我那时正与训练员一起，已经做完了测试，它能测出我确切的健康级别。我运动着我自己都不知道竟存在着的肌肉，向身体挑战，这可超出了我以前认为的安全的极限，我喜欢这样！这是我第一次体验体格训练，非常专业，精细，程度就如我多年来一直调控我的大脑一样。我就在那，在固定的高科技自行车上快跑，挥汗如雨，身上吊着各种监视器，这时有人拍了下我的背，我转身看见吉姆·哈博脸上挂满了笑容。那时，吉姆是印第安纳小马队杰出的四分卫。作为一个橄榄球的超级球迷，我并不总支持吉姆，但我已看他打球多年，对他饱满的竞技精神敬仰不已。他的臂膀犹如枪炮一般，他能在最后一分钟力挽狂澜，并因此而闻名遐迩，他就是一名无与伦比的运动员。吉姆告诉我他还是一个爱之若渴的象棋选手，并长期关心我的事业，对此我大为惊讶。我们开始谈论高水平的象棋比赛和橄榄球队组织进攻这两件事在心理上的相似点。我惊奇地发现，我们要应付的事情很多都一样。想来，那次在LGE健身房的谈话使我第一次了解到学习、表现的艺术有着如此的共同之处。

* * *

我想在LGE处理的两件相互影响、缠结的事情就是：我作为参赛者应该具备的始终如一和我与从《王者之旅》开始就有的包袱之间的复杂关系。就在我20岁生日不久我第一次去了奥兰多，那时我还是一个靠直觉比赛的人，激情、过往的经验和十足的干劲一起自然地进行。就像我前面说过的，当出现险情，我的习惯就是用我疯狂十足的注意力将我的对手杀个片甲不留。很明显，这在长期来看并不是一个理想的解决方法。

在LGE和我一起训练的主教练员叫大卫·斯瑞尔，是个有着极深洞察力的运动心理学家。这么多年来，我和大卫关系密切，在我去奥兰多的期间，我们经常在电话里聊天。尽管在我们的谈话中冒出过很多宝贵的见解，但最有影响力的就是我们第一次会面时谈及的一个幼稚的问题。我还记忆深刻：在几个小时之内，我描述了我的人生，我的事业，我现在面临的问题，大卫安安静静地坐着，挠着头，他问我相不相信，如果间歇性地休息，放松一下，棋路会走得更好。这个简单的问题触发了我在解决方法上的大变动，并把我引向巅峰的表现。

那天晚上，在与大卫、吉姆·罗尔、杰克·葛拉伯长谈一天后，我茅塞顿开。我坐在笔记本电脑和象棋记事本旁，花数小时回顾我前些年的比赛。在象棋锦标赛中，棋手们走棋时都会做标记。棋盘看起来就像是一个格子，竖向由左到右是a到h，横向方格由1到8，这是从白棋的角度来看。每走一步，棋手都会记下来，比如说Bg4或是Qh5，意味着象走到g4或是后走到h5。通常，标记都写在一张纸上，下面垫有复写纸，这样所有公众、私人象棋比赛的记录都能够保存下来。数十年来，我做比赛记录时，我还会记下每一步我想了多长时间。这样能帮助我合理地利用时间，但在第一次与大卫聊天后，我们发现了一个非常有趣的现象。回顾我的比赛，我觉得当我棋路下得很不错的时候，我就想法果断坚决。而在赛后，我有时会陷入持续二十多分钟的深思，这种"长时间的思考"常常让我的思考不够准确。更糟糕的是，如果我持续这样长时间的思考，我做出决定的质量就会下降。

第二天早上，斯瑞尔和罗尔给我讲了他们关于《压力和恢复》这本书的理解。LGE的心理学家那时已经发现，实际上在每个原理中，一个有优势的表现者最显著的特征就是有规律地使用恢复期。能在短暂的休息时间放松自己的棋手通常总能最终从比赛的险情中安然脱险。这就是为什么他们那个时代出色的网球手，像伊万·伦德尔，皮特·桑普拉斯，当他们的对手冲着不如意的球怒气冲天，或是激动得挥舞双拳时，不管他们在最后一局是输是赢，可他们只会奇奇怪怪地，安静地捡起球拍，这样的习惯让人猜都猜得到。想一想泰格·伍兹，闲庭信步地走到最后一杆的位置，目光轻松而又有神。还记不记得迈克尔·乔丹坐在长凳上，肩头搭着一块毛巾，在回到比赛前就这样休息两分钟？即便公牛队迫切地需要乔丹上场，他在长凳上也是完完全全泰然自若的。他是我所见过的运动员中恢复得最快的。吉姆·哈博告诉我他第一次注意到这种现象的情景。他是一个激情四射的人，在球场上喜欢拼命防守。但在LGE的第一阶段后，他注意到如果他坐在凳子上，全身放松，甚至不去看别的球队一系列的攻击，他的球技就能有很明显的提高。心里放下得越多，下一次的攻击就越猛烈。

在象棋赛时，我不必时时刻刻都把自己放在一个精神高度集中的状态中，这个想法对我是个巨大的解放。我做出的最迅速的变化就是当不该我走的时候，我是怎么样处理的。在对手思考的时候，我没有要强迫自己处于一种全心关注局势的状态。我开始让大脑释放一些压力。我可能会以一种更为抽象的方式来考虑战局，或者我甚至会离开棋盘，去喝杯水或是洗把脸。当我的对手出了招，我会焕然一新，精力充沛地重返棋盘。我立即就开始注意到了在棋路上的提高。

在接下来的几个月，随着我对这种在思路性质上的变化逐渐习惯，我发现如果我思考问题超过14分钟，我的想法常常就变得复杂、繁琐。注意到这个现象后，我学着监控我思考的效率，若我变得迟钝了，我就会休息片刻，放下一切，恢复自我，然后面目一新地回来。现在，当面临艰难的棋局，我能高度集中地思考30到40分钟，因为小小地换个脑子就能点燃我无穷的注意力。

在LGE，他们研究出了一套集中释放激情的理论，并发现，我们恢复得越好，我们在压力下经得起考验和表现自我的潜能就越大。实现它就是一个好的开始，但是我们怎样才能放下一切呢？告诉别人要放松很简单，可是自己做起来可不简单。这就是身体和头脑怎样联系起来的。

LEG的身体调控师教我在装有心脏监控器的固定自行车上做心脏血管间歇性训练，我可以让自行车每分钟的转速超过100，在这样的阻力下，10分钟筋疲力尽的运动后，我的心率达到每分钟170次。之后我会降低自行车的阻力，轻松一分钟，我的心率会回到大概144次。之后，我会又一次快跑，大大提高阻力，一分钟后，我的心率又会高达170次。接下来，在又一次快跑之前我会再休息一分钟，以此类推。我的身心在全力以赴和彻底放松之间浮动。随着我保持这样的训练，我的心脏恢复所用的时间逐渐减少。我渐入佳境，要做更多的运动才能提高心率，在休息的时候，降低心率要用的时间却减少了：不久，我间隔休息的时间只要四十五秒，而我能快速运动的时间加长了。

这种身体调控方法令人赞叹不已之处在于，就在几周后，我发现，在象棋比赛费神的思索过程中，我能放松下来，恢复的能力有了显著的提升。在LGE，他们已经发现，恢复与生理有着明显的关联，心脏血管间歇性训练对你快速释放压力、从精神疲乏中恢复过来的这种能力有着深远的影响。不止这些，身体的兴奋和精神上的冷静是交织在一起的。

很多次，持续了四五个小时的比赛已演变成一场一触即发的硬仗，我起身走出比赛大厅，快跑五十米或是爬几段楼梯。然后我走回来，洗把脸，整个人焕然一新。

到今天，实际上我身体训练的每一部分都是围绕着一种或另一种形式的施压和恢复。比如说，在体重练习中，LGE的朋友教我精确地监控每组运动之间要留下的时间，这样，我的肌肉就有充沛的时间来恢复，但仍要不断减少肌肉恢复的时间。我开始这种形式的间歇性训练，如果我做十五次卧举，重复做三组，我会在每组之间准确地留出四十五秒钟。如果加大重量，做三组，每组十二次，我的间隔需要五十秒。如果每组是十次，我会休息五十五秒。如果举重物，做八次，三组，我会在间隔休息一分钟。这对于一般的运动员都是不错的基准线。通过及时持续的努力，肌肉增强，达到结实而健康的同时，休息的间隔时间也能逐步减少。

这些年来，我在身心疲惫后能越来越好地恢复，在我的象棋生涯，需要这样强度的训练可能显得很奇怪，在我的武术生涯中，它却是明明白白。在回合间隔的三十秒，在比赛无规律的间隔内能调整恢复的武士一定比起在最后的格斗中，无论是身体上或是心理上都气喘吁吁的家伙有巨大的优势。在一个更动态的层面上来看，在太极拳中，真正的武力是从由空而满，或由柔而刚所引发的爆发力。因此，有数不清的时刻，在战局不利时，我都会极快地释放所有的压力。最终，随着训练的增加，就像我在《划小圈》那章所说的，恢复的时间会变得非常短。一旦恢复状态的这种行为根植到我们的血液，我们就能在最危险最紧张的情况下使用它，变成能自我更新、创造小小避难所的大师，观众可能都不会发现这样片刻的休息。

* * *

在你的表现训练里，掌握这个领域的第一步就是要练习面对和释放压力两者间的此消彼长。这可能会涉及我前面说过的间歇性训练，什么样的难度对每个不同的年龄，身体状况是合适的。这种训练，当然，可以有多种形式：我已经说过自行车和阻力练习，但如果你喜欢在游泳池里循环游泳，你不必一直游到筋疲力尽，然后退场，你应该把自己推向体力的极限，然后休息一两分钟，之后再继续把自己向前推进。就像我在自行车训练中描述的那样，制定一个有规律的休息间隔。随着你的练习，增加你运动的强度和持续时间，慢慢压缩休息的时间，你就步入正轨了！相同的方法可以运用于慢跑、举重、武术训练或是其他任何体育项目。

如若你确实想提高表现，我建议你把面对和恢复压力的节奏糅入你生活的方方面面。说实话，这就是我全部学习方法的根基——打破我们人生种种经历中人为制造的障碍，那么所有的时刻都因相互间的关联而变得丰富多彩。若你在读书而已目光涣散，把书放下，深呼吸，拿起书，立即双眼有神。若你在工作中发现自己大脑呆滞，没有活力，休息一会，洗把脸，回来就面目全新。一天花几分钟做一些简单的思维的练习，随着一呼一吸，大脑也一张一弛，这可是个不错的主意。这将帮助你把身体的间歇性训练和大脑的运转联系起来。若你对这样的经历乐在其中，你会慢慢地建立起自己的精神活力，并乐意在此花更多的时间。如果练习得当，太极拳、瑜伽，还有很多形式的坐禅都是很好的方法。

我们在日常生活中释放压力，过后身心都底气十足的能力会越来越强，我们在集中注意力、调节兴奋度、体力运用和放松自我之间能游刃有余，充满自信。放松就是一眨眼的工夫，我向你说不出这是一种何等的自由感。除了能增加你身心的活力，这也向你开启了一些美妙的、令人惊奇的窗户。一方面，现在清醒的头脑能自由地小憩，有创造力的思想从你无意识的头脑中冒出来的时候你会兴奋不已。你会变得更适应你的直觉，会慢慢地在风格上更忠于自我。无意识的脑袋是一个大有潜力的工具，怎样在压力下放松则是挖掘这一潜力的关键的第一步。

要成为一个细水长流、有长足发展的表现者，间断性工作起着举足轻重作用。如果你在日常生活中花几个月来练习面对和释放压力，那么你会成为一个临危不惧、活力四射、为人所信赖的选手，下一步就是激发你的最佳状态。

第十七章
激发最佳状态

在竞争激烈的比赛过程中或其他任何形式的挑战性环境中，无法让我们释放紧张情绪的最大障碍之一就是我们担心能否恢复最佳状态。如果集中注意力是困难的，那么一旦我们终于可以集中注意力，又怎会放弃这么做呢？在我们小时候，就开始对这种不安全感习以为常了。当我们还是孩童时，我们的父母也许就告诉我们要"集中注意力"。如果我们对着星星发呆，就会受到父母的训斥。所以孩子就学会了把不集中注意力与"不好"联系在一起。这样做的结果便是我们专注于一切事情，直到无法承受压力而彻底崩溃。在我后期的竞技生涯中，我有时候会让比赛中的紧张情绪吞噬我。在我早期的学生杯国际象棋锦标赛中，爸爸和我就非常善于保存我的能量。大多数年轻对手的教练们把锦标赛当作是军训。老师和家长们让孩子们在每轮比赛间隙大量分析比赛，试图用尽每一秒来上国际象棋课。而我当时会在户外和我爸爸玩会儿接球或是干脆睡上一觉。也许我常常在锦标赛的后期异军突起并非偶然。我爸爸是个聪明人。

令人吃惊的是选手们在锦标赛每轮间歇期间将自己累得精疲力竭的趋势广泛存在。这无疑是在自我毁灭。现在每当我观看校园国际象棋赛事时，总会看见教练们试图通过在两个小时的比赛后或下一轮比赛开始前的一个小时间隙期间，立即向学生教授冗长的技巧课，让自己发挥作用或是向家长们炫耀。让孩子们休息一下吧！补充体力养精蓄锐要比临时抱佛脚死记硬背更加重要。在更高层次的比赛中，恢复体能的能力将会是关键。在持续超过两周的国际象棋比赛中，决定胜负的关键因素之一是选手能够在晚上有良好的睡眠。在最后冲刺阶段，即便是大师也需要充足的精力。

在武术世界中，这个问题也同样至关重要。能够连续几小时地等待，而不让紧张情绪爆发或是丧失优势，这便是在选手们迈入比赛场地之前，将顶尖武者与平庸之辈区分开来的东西。大型锦标赛的各比赛之间都有很长的休赛时间。一些选手使自己保持高度兴奋和警觉的状态，总是摆出比赛动作，生怕轮到他们上场时自己没有准备好。经验更加丰富的选手会放松自己，听听歌，小憩一会儿。在上真正的战场之前，他们会选择保存体力。

这个现象并非只是出现在我所选择的领域。我们不是生活在好莱坞式的电影剧本之中，高潮不会随我们的意愿出现。通常情况下，我们生活中的高潮时刻是跟随在非高潮的、正常的和单调的许多时时刻刻、日日夜夜、岁岁年年。那么当我们人生的高潮时刻突然来临时，我们该如何阔步上前，勇敢面对呢？

我的回答是重新定义问题。我们不仅必须善于等待，还必要享受等待。**因为等待不仅仅是等待，它还是生活**。我们中的许多人生活着，却没有全心投入。当我们真实的生活开始时，却一味等待。在无聊中打发日子，但这也没关系。因为当真爱来临或我们发现来自心灵深处的呼唤时，我们便开始自己真正的生活。当然令人悲哀的事实无外乎如果我们没有意识到那一刻，即使真爱来了又走，我们仍然没有察觉。我们因此也就成了另外一个人，而非拥抱那个时刻的你或我。我崇尚简单。深入到平凡之中，发现隐藏于生活之中的丰富才是成功还有幸福的所在。

* * *

在思考竞技状态这个问题时，除了以上内容，避免过度期盼比赛时意外出现的高潮时刻也很重要。如果你极度期盼那决定你命运的时刻，那么当它真正来临时你会因兴奋和不安而过度紧张。为了在危急时刻获得胜利，你需要将几种健康生活方式与你每天的生活结合在一起。通过这种做法，当你面临压力时，就可以应对自如了。当我们真的做到水滴石穿时，不断成长的真正力量才会发挥作用和影响。当一切事物处于险境，我们只需像水般不断流动。

近几年，我做了许多有关竞技心理学的演讲。几年前，洛杉矶某个活动开始不久，史密斯·巴尼公司的一名著名制作人，姑且叫他丹尼斯吧，找到了我。丹尼斯说他很难达到良好的工作状态，并且发现自己在重要会议上或任务的最后限期要到来时无法集中注意力。他向我询问有关如何才能找到自己的"兴奋点"。丹尼斯知道一些职业运动员有一些固定方法来不断地在比赛前将自己调整到最佳状态。他就是找不到那种固定方法。无论他如何努力想发现一首完美的歌曲、一种冥想方法、伸展运动或饮食习惯，它们就是对他不起作用。丹尼斯想象有一首歌能让他轻松地达到最佳状态。那么，我们该怎么做呢？

我曾经在许多发挥不稳定的选手中看到过丹尼斯的问题。他们试图找到能够促使自己达到巅峰状态的激励人心的催化剂，仿佛完美的激发斗志的方法已经存在，只是在等待人们发现而已。然而我却运用逆向方法，那就是自己创造能激发最佳状态的开关。我问丹尼斯在生活中什么事情让他最接近内心的平静，达到注意力集中的状态。他想了一会儿，告诉我是在他与12岁的儿子杰克玩球时，才能找到那种状态。当他与儿子投掷棒球时，他感到自己处于幸福之中，世界上的其他事情都不存在了。他们几乎每天都玩投掷棒球，杰克似乎热爱这种活动如同喜爱他的父亲一样。这太好了。

我曾观察发现几乎所有人都有一种或两种能让他们感动的活动，但是人们通常忽视它们，把它们仅仅看作是"休息"。但愿他们知道他们的这种休息是何等珍贵！让我强调一下，让你内心平静的活动是什么样的形式并不重要。当你在洗澡、慢跑、游泳、听古典音乐或者淋浴时高歌一曲的时候，让你感到最放松、注意力最集中的任何活动都可以代替丹尼斯和儿子玩投掷棒球这项活动。

下一步是制定出四步或五步的固定修炼。丹尼斯已经提到了音乐、冥想、伸展和饮食。我建议他下次和儿子玩棒球前的一个小时，他应该吃些低脂肪的零食。我们决定用水果什锦盒和他喜欢在厨房做的豆制饮料。然后，他会到一个安静的房间，做15分钟他在几年前学的呼吸训练。这种呼吸训练是一种简易的冥想方法，让他跟随自己的呼吸进行冥想。当他发现自己走神儿时，他就让思绪释放出去，仿佛像天边的云静静飘走一样，注意力又集中于呼吸之中。对于初学者来说，这种冥想方法可能看起来让人感到挫败，因为他们发现自己的思绪无法集中于一点，感到自己做得很差；但是事实并非如此。重复呼吸是这种冥想方法的关键，没有做得好与差之分，你只需和你的呼吸一起，当你意识到自己的思绪时就释放它们，再让注意力回到呼吸这件事上。我强烈推荐此类方法。重复呼吸不仅是整个过程的闪光之处——即不受外界干扰地存在的片刻时光，人的体验在此过程中的此消彼长也是另一种压力和恢复性训练。最后，如果在你的生活中没有任何事情让你感到内心平静，冥想是帮助你发现自己的兴奋点并且找到适合自己的固定修炼的最完美的爱好。

丹尼斯吃了低脂零食并做了呼吸练习。20分钟后，下一个步骤便是做10分钟他在高中足球队做过的伸展练习。我问丹尼斯他听哪种音乐。他的口味多变，从Metallica乐队，鲍勃·迪伦到古典音乐他都喜欢。我告诉他我也喜欢鲍勃·迪伦。我们决定选用鲍勃·迪伦的那首动听柔美的、持续时间较长的歌《情人来自南方的低地》；然而实际上，任何音乐都可以用，这取决于个人的喜好。听完这首歌后，丹尼斯会去找他的儿子，就如每天所做的一样，他们到户外投掷棒球。我告诉丹尼斯对待投球游戏像对待他以前玩的一样，只是为了开心。

所以我们制定了一套固定修炼：

第一，吃10分钟某种固定的低脂零食；

第二，15分钟的冥想；

第三，10分钟的伸展运动；

第四，听10分钟鲍勃·迪伦的歌；

第五，玩球。

在大约一个月的时间里，丹尼斯每天在和儿子玩球之前进行他的固定修炼。固定修炼中的每一个步骤对于他变得自然，玩球也总是一种愉悦，所以在这个过程中他没有感到任何的压力。

下一个步骤至关重要：在丹尼斯完全将他的固定修炼吸收接受后，我建议他在去开重要会议之前的早上进行他的固定修炼。所以丹尼斯将他的固定修炼从和儿子玩球之前转移到工作之前。他这样做后，回来大声告诉我他发现自己能够在充满压力的环境中保持内心的完全平静。会议过程中始终保持全神贯注对于他来说已不成问题。

它的原理是在固定修炼与在它之后发生的活动之间建立一种心理联系。丹尼斯在和儿子玩球时总是全神贯注，所以我们必须做的便是建立一套固定修炼，使它与那种精神状态联系在一起（显然，让丹尼斯无论走到哪里都带着儿子不切实际）。一旦这套固定修炼被内化，它就可以被用于任何活动之前，一种相似的心理状态也将出现。我还要强调的是你个人的固定修炼应该由你的个人品位决定。如果丹尼斯愿意选择，他还可以选择在和儿子玩球前侧翻跳、翻筋斗、冲着风大叫、游泳，一段时间后这些活动在心理上与同种精神状态联系在一起。我比较喜欢丹尼斯的固定修炼，因为它相对便携，而且似乎更加有助于产生放松的状态，但这要因人而异。

在我过去十年中，比赛之前我都会用一套固定修炼。参加国际象棋锦标赛时，我会一边听听能使我情绪平静的音乐，一边冥想一小时，然后走向战场。当我开始参加武术比赛时，我已经知道如何在压力下进入巅峰竞技状态，并且应对缺乏经验的对手时从容自如。后来，我却遇到一个新问题。

2000年11月，我到中国台湾第一次参加世界推手锦标赛。我之前从未参加过国际武术锦标赛，那些坐在露天看台高喊口号的武术迷们以及需要上千名参赛选手挥舞自己国家的国旗列队入场的繁复的开幕式使我心生恐惧。50多个国家的代表参加此次比赛，每个国家都有自己的训练风格。当我看到其他选手热身时，他们的运动竞技精神和精湛技艺让我印象深刻。对环境的陌生感加剧了对手给我带来的威胁感。我感到自己无法平衡心态，所以开始进行我的30分钟的固定修炼。于是我准备开始了。上午9点，我应该进行第一场比赛，而且我也做好了准备。可是漫长的等待开始了。

　　10点过去了，到了11点。我不会说汉语，也没有人告诉我被安排在什么时候比赛。我听说我的对手是个著名的中国台湾选手，但是我根本不知道他长得什么样子。我饥饿难忍，而且赛场内没有东西可吃。我和我的队员隐约记得第一轮比赛应该在清晨，所以我们没有带食物——我们犯了个严重错误。我被告知选手开赛前5分钟会在广播中得到通知，如果不能及时出现，视为弃权。因为担心离开去吃东西会错过比赛，所以我不得不在饥饿中度过几个小时，准备随时上场。

　　午间休息到了，我们被告知比赛计划。所有参赛选手都有午饭便当。12点一刻，我得到一盘油腻的猪肉炒饭和鸭肉。这样的午餐对于参加比赛的选手来说太不合适了，但是我饿得要死，没有选择。所以，我吃了这份午餐。12点半，我被通知我应该立即去裁判席签到。他们告诉我马上就要进行比赛了。我的对手已经热身完毕，大汗淋漓了。显然，他清楚地知道锦标赛的日程安排。我仓惶失措、没有充分准备，再加上满肚子的油腻食物使我一败涂地。比赛中，我根本不是他的对手。我痛恨的是我千里迢迢来到中国台湾参加比赛，却根本没有给自己机会真正地去比赛。我需要做出一些调整。

　　首先，在我的这个故事中，营养方面的问题非常重要。我不应该相信公布出来的日程表，并且应该在等待的时候吃点东西补充体力，不管需要等待多长时间。我从LGE训练机构的运动生理学家杰克·葛拉伯那里了解到在赛时较长的国际象棋比赛中，需要每45分钟吃5颗杏仁以保持警觉的状态和充沛的体力。在武术比赛中，无论何时需要，我常补充一些能量，香蕉或蛋白质饮料。或者，如果我知道还要等上至少一小时，我也许会吃上一口鸡肉或火鸡。你不仅要了解自己的身体，还要明白在不可预测的环境中营养的关键作用，例如在中国台湾武术锦标赛中，可以准备自己的食物，但是千万不要吃得太饱，因为那样会让你的感觉变得迟钝。

在营养方面的教训很简单：我为自己的粗心付出了代价。然而另一个更加重要的问题出现了：如果在重大赛事前只会提前几分钟或几秒钟通知你，那么30或40分钟的固定修炼有什么用呢？在生活中，事情毕竟不会总是按照计划行程进行。理论上，我们应该能够在短时间内进入最佳状态。这就是我把固定修炼压缩精简后得到的规律。

让我们回到丹尼斯的例子。我们先前讲到，他的固定修炼是：

第一，吃10分钟某种固定的低脂零食；

第二，15分钟的冥想；

第三，10分钟的伸展运动；

第四，听10分钟鲍勃·迪伦的歌。

丹尼斯已经学会了如何把和儿子杰克玩球前的四个步骤的固定修炼应用于商务会议或其他任何压力大的事情前，并保持良好的精神状态。丹尼斯对于这样的结果感到欣喜，现在每次会议之前，他都会进行他的固定修炼。他开始喜欢把重要的事安排在午餐后，这样他就有一些时间单独准备。他感觉棒极了，人也变得更加有效率。他喜欢自己在处理任何事情时集中精力（并且进行固定修炼），充满精力。这样非常好。

下一步要做的便是逐渐调整固定修炼，使它比原来简短但却拥有同样的心理作用。这样的细微调整是为了让"扳机"使用更少的辅助材料并且更加灵活。关键是缓慢增加这些变化调整，这样固定修炼的最后的版本与其原来的样子就能够做到相似多于差异。即时准备时间稍稍变短，身体和精神也会有同样的心理反应。

丹尼斯开始在每天上班前进行他的固定修炼，唯一不同之处在于他会吃一顿丰盛的早餐来替代低脂零食，会在开车去办公室的短途中听鲍勃·迪伦的歌。第二和第三步在家里进行，早餐后，按原来的固定修炼进行。一切进行得非常顺利。

下一步，在几天里，丹尼斯冥想12分钟而不是15分钟。他仍然能进入到良好的精神状态。然后，他做8分钟的伸展运动而不是10分钟。他的良好状态依然如故。后来，他改变了伸展运动和冥想的顺序。依然没问题。一段时间后，丹尼斯逐步将伸展运动和冥想的时间压缩到仅有几分钟。然后，他会听鲍勃·迪伦的歌，开始准备工作。如果他不饿，他可以不用吃零食。他的固定修炼所用的时间被缩减到12分钟，但是比以往更有效。因为丹尼斯太喜欢鲍勃·迪伦了，所以他听歌的时间没有改变。但是下一步就是逐渐把听歌的时间变得越来越短，直到他无须听歌，只要想想歌的旋律便会进入状态为止。这个过程是系统且直接的，它植根于所有原则和规律里的最稳定的部分：即量变。

对于我来说，太极冥想动作成为了我的固定修炼。每天在柔道馆里开始训练之前，我们会花上6分钟做冥想动作，然后开始上推手课，许多优秀的学生以极大的热情和努力投入训练和迎接比赛。在23号大街的那家武馆里，经过几年的训练，我几乎学到了有关太极的所有东西。没有任何地方像这家武馆能够给我带来如此多的平静与力量。除了太极冥想给我带来的益处，我的身体和精神学会了将冥想动作与我的巅峰竞技状态联系在一起，因为我总在训练自己的最佳状态之前，进行冥想动作。

但是我并没有停留在那个层面上。我知道武术比赛具有不可预测性。我们常常无法在上场之前拥有五分钟的平和与宁静。2000年世界锦标赛的仓皇无措的经验教训促使我用了几个月的时间缩短我达到最佳竞技状态所需要的准备时间。太极冥想动作的精髓是当人在打太极拳的时候随着各种武术动作，不间断地聚集和释放身体与心灵。当我吸气时，精神开始复苏，我可以看见力量从脚尖流到指尖。呼气时，精神开始放松，身体没有了力量，障碍消失不见，气流随之上升，身体准备好下一次的吸气。从本质上来说，如果你忽略各种招式的实际力量，太极冥想是关于盛衰、刚柔、阴阳和变化的修炼。所以，理论上我应该可以把它浓缩成精华。

我开始循序渐进地缩短训练前我所做的冥想动作。刚开始，我做的只比原来整套动作少一点儿，后来做整套的四分之三，然后二分之一，最后四分之一。很多个月之后，通过利用渐变的方法，我可以在深呼吸后完全准备就绪。我还学还了在脑中进行冥想动作，根本无需移动身体。这种把动作呈现在心里的方法和实际做动作具有同样强大的力量。这种思想并非无据可查，我在书的第二部分提过：用数字摆脱数字，用形式摆脱形式，要划更小的圆圈。在更高的境界里，原理和规则可以被人内化到即使最有技巧的观察者也无法察觉的程度。

我现在可以轻松应对武术比赛的不可预见性。实际上，环境越不利，我反而感觉越好，因为我知道我的对手在处理混乱状况方面不会和我一样出色。当我到达比赛大厅时，我会粗略知道比赛什么时候开始。然后，我会做几遍太极，这样身体会放松，动作也会顺畅。我休息一下，吃点东西，准备好等待比赛通知。如果他们叫我立即去签到，我会在时间允许的条件下做尽可能多或尽可能少的固定修炼动作，然后以良好的状态准备应战。一切都没问题。选手的理想状态是能够做到灵活应变。如果你有最理想的条件，那么从容完成整套固定修炼动作固然好极了。但是如果事情没有条理，那么就需要以灵活的精神状态和压缩过的固定修炼来做好准备。

此类精简方法的好处当然不局限于职场或赛场。如果你正驾驶一辆汽车穿过马路或正在做其它平常的事情，突然面对潜在的危险状况，倘若你受过训练可以在短时间内表现出最佳状态，那么你会在令人毛骨悚然的处境中，毫发无伤地脱险。但是我认为，比在这些极少发生的精彩瞬间更加重要的是精简固定修炼能在提高你的生活质量方面创造奇迹。一旦一次简单的吸气可以激发无穷的敏捷度，我们每时每刻的意识都会变得愉悦，就仿佛是几乎失明的人第一次戴上眼镜时所感受到的幸福。我们走在街上会看到更多的事物。每一天都变得异常美妙。当我们很自然地沉浸在"平凡"中的可爱的细微之处，无聊这个词变得很遥远也很荒唐。所有的经历与我们新的视野交织在一起，然后新的联系便开始出现了。城市街道上雨水的流动将教会一个画家如何流畅地绘画。一片随风飘落的叶子将教会一位支配者如何学会放手。家里的小猫教会我如何移动。所有运动时刻都在发生着变化。这本书是关于学习和竞技的，它也是一本关于我人生的书。存在本身教会了我如何生活。

第十八章

接纳情绪，化为力量

走过布满荆棘的路，

我们可能会双脚鲜血直流，也可以选择做一双鞋。

愤怒。恐惧。绝望。兴奋。幸福。失望。希望。情绪是我们生活的一部分。否认人类经历中如此重要的组成部分，只会让我们成为傻瓜。但是，当我们完全被情绪驾驭的时候，事情会变得糟糕。如果恐惧把我们撕成了碎片，我们可能在非常危险的环境中无法有效应对。如果我们因他人的刺激而变得暴怒，就可能会做出令自己后悔的决定。如果我们因情况好转而沾沾自喜，也许就会犯下让状况急转直下的错误。

赛场上选手们用不同的方法处理他们的情绪。许多人或者感到自己情绪变化无法控制，或者根本不能思考问题。这些都不是最理想的解决方法——如果我们不彻底思考一下这个问题，就很有可能被我们的激情所控制。那些认识到情绪具有摧毁性的潜在力量的选手会努力避开这些情绪，从而变得淡漠和超然。对于一些人的个性而言，这个方法可能会起作用，然而我认为随着压力变大，这样的自我克制常常会被瓦解。那些会利用自己情绪的精英选手观察自己的兴奋点，然后将所有事情引导到那个可以产生独特创造力的深层焦点上。这是基于灵活性和内心微妙的自省意识的有趣方法。这些选手不会被自己的潜意识所威胁也不会否认它，相反，他们让内心的情绪变化鼓舞自己的斗志。

多年以来，在我成长发展的不同阶段，我回顾自己走过的整个过程，终于相信这种风格植根于我所提出的"软区域"和内在解决的理念，它是解决竞技状态的独特方法，能够成为强大动力源泉。在本章里，我主要谈谈最具有决定性的情绪之一，这种情绪可以成就一名选手也可以毁了一个选手，它就是愤怒。当我们开始进入讨论时，请记住我所描述的对于可复原的独立的竞技状态至关重要的三个步骤。第一，学会随着分散注意力的事物流动，就是树叶向风儿低头。然后学会利用那些令你分心的事物，用那些原本会让你输掉比赛的事物来激励自己。最后，学会在内心深处再创造出激发斗志的环境。我们要学会为自己做鞋。

我在比赛中经历的愤怒情绪开始于本书第一部分提到过的一个对手对我的戏弄。这个小孩是一个极有天赋的俄罗斯选手，15岁的时候移民到美国。他和我很快就成为国内排名前两位的青年选手。鲍里斯知道如何激怒我。他无视任何竞赛礼仪甚至规则，为了赢得比赛，他可以做任何事，有时候他的所作所为远远超出正常的国际象棋比赛的行为规则，我完全被他的举止吓坏了。想象一下下面出现的闹剧般的景象。美国青少年冠军赛的最后一轮，我们两人在争夺冠军头衔。我沉思了四五分钟，因为这是关键的一步棋。我的想法渐渐集中起来，马上就要找到解决方案的时候，鲍里斯突然在桌子下面狠狠地踢了我两三次。鲍里斯学过空手道，我知道他喜欢踢东西，但是在赛场上做出这样的事也太可笑了。

在我们两人比赛过程的关键时刻，鲍里斯多次在桌子底下用拳头打我，但是他的小把戏不都是像这次过分。他会摇晃棋盘，在我面前一分钟内五六次大声地清嗓子，当我努力思考时他故意敲打棋子或是用俄语和他的教练讨论怎么走下步棋。这时候，标准的反应应该是告诉裁判发生了什么事。问题是当我告诉裁判发生了什么事，鲍里斯就会佯装无辜，用俄语或是他那糟糕的英语反复说他不知道我在说什么，而裁判也毫无办法。即便是鲍里斯受到责备，他还是成功地让我不能专心下棋。他赢得的是心理战的胜利。

鲍里斯对运动精神的蔑视让我感到气愤。像他那样的人伤害了我所热爱的运动。在书的第一部分我曾提到我们两人代表美国一起去往印度参加世界锦标赛，有几个国家的代表队发起了反对美国代表队的正式抗议，原因是鲍里斯和他的教练在比赛过程中肆无忌惮地作弊。当时的情况让我感到恶心和愤怒。

一次又一次，当比赛进行到关键时刻，鲍里斯就会使出一些卑鄙手段，而我会因此变得烦躁不安，出现失误。鲍里斯知道怎样干扰我的思绪，这是他的长项。作为一个年轻人，愤怒蒙蔽了我的双眼，而鲍里斯把我耍得团团转。在几次和他的比赛中落败，我意识到正当的合乎情理的愤怒让我没有丝毫进展。我决定抑制自己的愤怒情绪。当鲍里斯敲打棋子，我深呼吸。当他和他的教练讨论下一步棋时，我只是下我自己的棋，心里想我会打败这两个人的。当鲍里斯摇晃棋盘时，我无视他的存在。这看似是个好策略，但问题是鲍里斯的卑鄙行为没有底线。他变本加厉地干扰我（例如用腿踢我），而我最后忍无可忍，自制也完全崩溃。

我用了很长时间才认识到压抑自己的本能情绪并非问题的解决方法。我必须学会有效地利用自己情绪的爆发点。**我不应该被愤怒控制或否认自己的愤怒，而是必须从某种程度上将我的愤怒引导到一种极度全神贯注的状态。直到我进入武术行当，我才学会了这么做。**

需要付出很多努力才能做到这一点。这个问题在我竞技武术生涯中第一次出现是在2000年11月我首次参加全国太极拳推手锦标赛决赛的时候出现的。我一直主导着比赛，处于领先，直到我的对手违例用头猛撞我的鼻子。裁判员没有看到，比赛继续进行。这次比赛的规则是当一方失去平衡或是被抛到空中，摔倒在地或被逼出圈外，另一方得分。不允许打对方的脖子、头等要害部位。大约15秒后，他又一次用头猛撞我，比前一次更加用力。愤怒燃遍我的全身，灼烧我的眼睛。我气红了眼，鼻子也因为重创而流血，我认为"气红眼"这个词恰当地描述了我当时的状态。有10秒的时间，我气愤难忍，失去了控制。比赛录像里，我惯有的有条不紊的风格演变成了固执的疯狂状态。我过分具有攻击性，导致自己失去平衡，非常容易被攻击。愤怒蒙蔽了我的双眼。在那几秒钟里，我几乎输掉全国锦标赛，但是庆幸的是我找回了自己的理智，赢得了比赛。我的一个弱点在这次比赛中暴露出来，幸运的是我不用输掉比赛就学到了经验教训。

这次经历在许多层面上对我造成了困扰。竞争是一方面，对于我来说还有更为重要的想法。我对武术的理解从本质上来说是非暴力的。我不会陷入争斗，也不想伤害任何人。我认为世界正在一个暴力引发更多暴力的恶性循环中灭亡。我被太极的和谐精神以及它强调与外界相互依存的观点所吸引，我感到它是自相残杀的国际象棋的对立体。随着我深入了解作为武术的一种——太极以及后来的巴西柔道格斗艺术，让我内心的和谐不断地经受着考验。在一些人看来，这也许是自相矛盾的——

如果你不愿争斗，为何要踏入武术界？我个人对这个问题的理解蕴含在内在修养的不断提升。当我在花园里，谈论非暴力是件容易的事。但是真正对内心产生挑战的是当人们面对对手的敌意、挑衅和自己的疼痛时还要坚持非暴力的观点。我成长过程中，下一步要做的便是在越来越困难的条件下保持自我。

自全国锦标赛发生的那件事后的一年里，我潜心练习，让自己在和讨厌的家伙打拳时也保持高尚的品格。我看透了那些行为卑劣的选手，当他们无法自控的时候，我的状态却越来越好并且能够始终保持冷静。有几个人对我这方面的训练尤其有用。我相信你一定还记得《寻找更强大的对手》一章中出现过的那个大块头。他曾把我摔在墙上。虽然他不是坏人，但是他的进攻性常常将我逼向忍耐的极限。我们之间的练习大部分是在这段时期进行的。

另一个叫富兰克的人是个典型的反面教材。多年以来，他一直是很有名气的推手选手，而且不愿认输。当他比赛中遇到困难时，便使用下流手段。他制定了自己的比赛规则，尤其倾向于攻击对手的脖子。在推手比赛中，规定的攻击范围应该是从肩膀到腰。攻击对手的脖子非常危险，正常的比赛规则是不允许攻击对手的脖子的。但是每当富兰克感到自己受到威胁或身体不稳，就会用手指猛戳对方的喉咙，我有过一两次这样的惨痛经历。那是发生在初出茅庐的我在参加世锦赛被人用头猛撞那件事之前。我不喜欢他在比赛时散发的气场，感觉他无法控制自己，所以大多数时候我避免和他一起训练。

但是现在情况发生了变化。我在攻克一个武术难题，而富兰克就成了最佳的训练伙伴。首先，我必须做的是要认清问题是出在我的身上而不是富兰克身上。世上总是有讨厌的人，而我必须学会怎样以冷静的头脑应对。愤怒失控会让我的人生止步不前。

和富兰克开始训练后，我很快意识到当他攻击我的脖子时我会变得愤怒的原因是我自己感到恐惧。我不知道如何处理这种恐惧情绪并且认为自己会受伤。富兰克违反比赛规则，所以愤怒成为自我防御系统，就像我当初和鲍里斯在国际象棋赛场上的情形一样。因而，重中之重是我必须学会处理他对我脖子的攻击。在几个月的时间内，我让推手课上值得信赖的伙伴专门攻击我的脖子，我渐渐习惯化解这类的攻击。然后，只要富兰克来武术学校，我就会找他练习。只要他发觉我在比赛中控制着他，他便会像以往那样开始攻击我的脖子。当这一招不起作用时，他就扩大攻击范围，瞄准我的眼睛、膝盖或是要害部位。我的目标是在越发恶劣的条件下保持冷静。

经过一年的训练，我重返圣地亚哥，捍卫我在世锦赛的名次。毫无意外，我在决赛中又遇见了去年的那位选手。刚开赛的情形与上次我们交手时很相似。我开始控制局面，化解他的猛烈攻势，进而占了上风。后来，他变得非常暴躁并开始用头猛撞我。这次我的反应与上次非常不同。我非但没有生气，还顺势将他扔出圈外。他的策略没有让我的情绪波动，我比他高了一个层次。我没有上他的当，这让我感觉棒极了。

我的努力包括两部分。一部分与我的学习方法有关，另一部分与比赛状态有关。在学习方面，我让自己必须能够自如应对那些在比赛中爱玩把戏或攻击我的脖子、眼睛或要害部位的选手。学习的过程还包括技巧的提高，而达到提高技能的目的，我还必须认清气愤、自负和恐惧的关系。我必须养成当别人把我推向极限时我能够正视并挑战自己的技术弱点，而不会退缩不前，也不会以自我保护的姿态应战。做了这种调整后，我便能自如地学习。对手在比赛中对我的挑衅会帮助我发现自己的弱点。他们给我宝贵的机会提高自己应对骚乱状况的能力。没有体育道德的选手是我最好的老师。

在比赛状态方面，我有了很大的进步，但是仍然还有很长的路要走。首先，无论在何种环境下，我必须保持头脑高度冷静。但是这只是整个过程的初级阶段。事实上，出于某种原因我们在面对各种情况时会产生各种自然本能的反应。愤怒和恐惧以及喜悦是从我们内心深处发出的，我认为抑制这些情绪是人为强加的习惯。以我的经验，犯此种错误的选手当面临巨大压力时往往会因不堪重负而失败。

我还记得读过《纽约时报》在2004年美国国家橄榄球联盟（NFL）纽约喷气机队与匹兹堡钢人队决赛前几天，采访纽约喷气机队主罚定位球的选手道格·布莱恩。布莱恩自信地谈论在每次罚定位球时都会进入一种冥想的状态。他说他将自己与外界隔绝，即使在巨大压力下罚球前他的头脑也"完全是空的"。当我看到这儿时，对于他所描述的过程产生了一丝怀疑——他那句"完全是空的"困扰了我。于是我给我的父亲打了电话，告诉他我为这个球员感到担心。不出我所料，当纽约喷气机队迎战匹兹堡钢人队时，整场比赛归结到两个关键的罚球。第一次罚球，布莱恩踢得不够远，第二次时，球向左边偏了。赛后采访中，他说错失第一次罚球后，他满脑子想的便是把球踢得足够远。一次失球加上巨大的压力让他无法再保持冷静：他专注在第一次失误，完全不能心无旁骛地比赛。**成功的唯一方法便是承认现实，超越现实，鼓起勇气并善用之。**我们必须有事事并非完美的心理准备。如果我们单纯依靠冷漠，或不错失一个球，抑或是某种思维定式的重复，那么当压力大到无法承受或是疼痛剧烈到不能忍受时，我们的理想的竞技状态将不复存在。

"软区域"压力应对方法比单纯拒绝压力的方法更加系统和有效用。我个人成长的下一步便是解决几年前因为注意力不集中而产生的愤怒情绪。我必须学会如何适应它，利用它，疏导它，使之成为强大的力量，而不会在受攻击时克制我自己真实的情绪。就如地震和断掉的手臂，我必须将自己的情绪转化为优势。

根据我的长久以来的观察，伟大的竞技者会把自己的激情转化为持续不断的强大动力。这样的例子随处可见。篮球迷们想想雷吉·米勒和斯派克·李两位之间的故事吧。李是纽约克尼斯队的头号球迷。雷吉·米勒是1987年至2005年印地安那步行者队的明星球员。整个20世纪90年代，克尼斯队和步行者队对屡屡在决赛上相遇，而克尼斯队在麦迪逊花园体育场的主场比赛斯派克场场必到。他总是不停在球场边激烈地质问米勒，直到米勒开始有所反应。刚开始的时候，对于克尼斯队的球迷来说，这看起来是个好事情。斯派克使雷吉不能专心打球。有时候雷吉似乎更专注在斯派克身上，而不是克尼斯队。但是后来人们发现米勒利用李来激发自己的斗志。一次又一次，雷吉会善意地取笑斯派克并以令人难以置信的进球得分来反击克尼斯队。不久，克尼斯队的球迷就希望斯派克赶快闭嘴。他们得到了教训——别惹火了雷吉。

无独有偶，在迈克尔·乔丹时代，一些年轻的NBA球员得到了同样的教训。乔丹在球场上是出了名的爱说废话。他会刺激防守队员说话，然而问题是如果反驳他，便会促使他让你在球场上疲于应付他的进攻。你唯一要做的就是让乔丹自说自话，你打你的球。尽量使沉睡的野兽不要醒来。那么他就会在得到30分后下场，准备下一场比赛。但是如果你唤醒了野兽，那就得50分，并且以后比赛中再次遇见他，他还会做同样的事。

几年前，我和凯斯·埃尔南德斯谈论过愤怒在他的体育生涯中的作用。在那些不是铁杆运动迷的人看来，1974年至1990年期间凯斯在美国职业棒球大联盟中先后是圣路易斯红雀队和纽约大都会队的主力。凯斯获得过11次金手套奖，并在1979年赢得最佳击球手和美国职业棒球大联盟最有价值球员的荣誉。他在1986年带领大都会队战胜波士顿红袜队赢得了世界巡回赛。埃尔南德斯是棒球史上最强硬的击球手之一。

我问过凯斯他如何处理投球手恶意将球扔向他的情况。投球手有时会击中击球手或差一点击中击球手,以此对击球手产生心理压力。被飞速而来的快球打中可不是令人高兴的事儿,许多严重的伤病就是来自此类不光明但又不犯规的行为。

如果击球手真的被球打到了,他会自动跑到一垒——像是在进球垒。这显然对投球手不利,但是这也是投球手深思熟虑的决定,因为许多击球手被球打中后变得非常激动和愤怒,比赛中甚至在此后的几年里当他们在本垒板时面对那个投球手就会很害怕。因为知道那个快球可能会冲着你的脑袋飞去,这会让击球手感到受到威胁,或者变得疯狂。无论怎样,如果一个投球手想到球会击中自己的脑袋,用凯斯的话说就是"不能再糟了"。

在凯斯看来,如果投球手把球瞄准他,那个投球手无疑是在自掘坟墓。他解释道:"他们的行为能够很好地激励我,我会让他在今年的其它比赛中忙得不可开交,尤其是这次的比赛。"多年以来,投球手知道了要离凯斯远点儿,因为击中他将会唤醒一个沉睡的巨人。

凯斯告诉我一个有关富兰克·罗宾逊——历史上最伟大的棒球运动员之一,也是唯一同时赢得美利坚联盟和国家联盟最有价值球员的人。罗宾逊在1956年在美国俄亥俄州辛辛那提市开始了自己的棒球生涯。那时候,所有的投球手总爱用球击打击球手。辛辛提那红队连续三场迎战圣·路易斯红雀队。在第一场比赛中,罗宾逊被球击中,然后开始了一个非凡的夜晚。第二天,那个投球手又击中了罗宾逊,然后他便在这个比赛中痛击红雀队。一个星期后,这两个队再次交锋,赛前,红雀队的经纪人瑞德·斯科安第斯特——凯斯的第一个经纪人,召集全队开会,会上他说:"那个第一个击中富兰克的投球手被罚了100美元!这次比赛不用管他！"凯斯非常喜欢这个故事。它揭示了一个能够知道比赛的选手的真正含义。像米勒、乔丹、埃尔南德斯和罗宾逊这样的运动员的意志是如此坚不可摧，他们的对手不敢和他们玩心理战，因为畏惧这样做会更加激发他们的斗志。

回顾我自己的亲身经历，我一直不断努力地将自己本能的情绪和创造性地激发斗志融和在一起。做到这一点当然需要几个阶段。当我还是个少年时，我常常被自己的情绪所控制，并试图控制自己的情绪。后来，当我20岁出头时，我初步了解佛教和道教的冥想，我开始让自己的情绪像云一样静静飘浮。这非常有趣，因为它与我的真实情绪建立了有效的联系，很像我在《让时间慢下来》的那一章所描述的如何利用潜意识。我渐渐学会了如何观察自己的情绪，并且感觉它们是如何将创造性、新鲜感或是黑暗注满我的最佳状态。

当我能很好地控制和运用情绪，我就开始用更加精妙的心理反击战对付武术比赛中的不公平。我坚信最高境界的武者必须对自己真实。不能对自己的个性有所否认或压抑，否则产生的结果必然是错误的——武者将会远离自己内心本能的声音。我是一个有激情的人。事实上，我非常厌恶那些小动作很多的选手。他们同竞技、自我、运动、艺术、暴力，以及不公平比赛的关系会使我不满。

我训练的下一步骤是把我本能的反应转换成力量。一旦你在气氛热烈的赛场感到舒服自如，那么做到这一点并不难。它更多地让你清楚冷静地思考而不是学习新东西。身处险境时，我们就应该使自己变得锐不可当，但是以前受到保护的生活让我们远离了转换能量的本能。我应该学会适应并利用自己的本能情绪，最大程度地发掘深藏在内心的力量源泉，而不能逃避自己的情绪或是被它们完全控制。我发现这是一个自然的过程。一旦我们能容忍混乱并且不再为膨胀的情绪所控，我们便能够驾驭它们，甚至在可能的范围里发挥它们的作用。

在第二次全国锦标赛后，我开始自我修炼。首先，在与有很多小动作的选手训练时，我学会了保持冷静，然后开始最大化地利用我的激情和自然的心境。当同情绪无法自控的人训练时，我会感到自己体内发生了化学变化。刚开始的时候，这种感觉让我手足无措，但是现在我利用它来强化自己的比赛，加强自己的力度，将自己的激情转化为尖锐的焦点。我不再被自己的自我保护意识和恐惧感所掌控，所以在我心里也不存在令人分心的愤怒情绪。我发现我能以最佳的自我进行比赛，而不会被像富兰克这样的人打败。

我另一次和小动作很多的选手比赛的经历发生在2002年在中国台湾举行的世界推手锦标赛上。在第一轮比赛中，一个令人讨厌的澳大利亚参赛选手严重违例攻击我的要害部位。他是一个非常有技巧的武术运动员，我感到很疼，但是令人吃惊的是他的卑鄙战术最后让他自食恶果。我朝他笑了笑，他骂了我。我没愤怒，只是更加坚定了战胜他的决心。比赛继续进行，他以各种可以想象的方法不断地攻击我的头。他进攻我的要害部位，试图击打我的膝盖，并且在裁判员喊停的时候继续进攻。除了全力以赴比赛，我没有其他任何反应。他的每一次的小动作让我的意志变得更加坚强，有趣的是我越是不被他的愤怒所影响，他自己却变得愈加狼狈和激动。他的进攻越来越猛烈。他攻击不到我的头，这消磨着他的意志，令他陷入疯狂。当他越来越疯狂的时候，进攻也变得毫无章法，我于是粉碎了他的猛烈进攻。这个人习惯了使用下流手段让对手情绪暴躁而自己保持冷静来获得胜利，这次我以其人之道还治其人之身。他用了不光明的手段，但是我还是将他淘汰出局。

在压力环境下，除了愤怒当然还会出现其他一系列的情绪。优秀的竞技心理学家能够很好地协调各种情绪并将之转变为具有创造性的潜力。前国际象棋世界冠军彼得罗辛（Tigran Petrosian）因为有独特的方法解决这个问题而闻名。在他参加那些持续几周甚至几个月的比赛时，他会每天起床后坐在自己的房间里自省一段时间。目的是让自己的情绪达到最好的状态。他是感到思乡、充满活力、警惕、沉闷、热情洋溢、斗志昂扬、自信还是没有安全感呢？他下一步要做的便是在脑中拟定好自己的比赛计划。如果他感到自己不是非常有信心，那么他会选择风险较小的开局，让自己在比赛中的位置和自己的情绪相符。如果他感到充满活力，异常自信，那么他会选择一种能表达自己的开局方式。有无数种心情变化也有无数种的开局方式。彼得罗辛每时每刻都面对真实的自我，而不是将人为不自然的固定模式强加在自己的比赛战略上。他认为如果自己的心情和比赛中所处的位置是同步的，那么他会更倾向于以最大的灵感进行比赛。

盖瑞·卡斯帕罗夫是世界锦标赛20年来甚至也许是有史以来最强悍的国际象棋手，他有与众不同的方法处理自己的情绪。卡斯帕罗夫凭借自己的活力和自信成为一名相当强势的棋手。我的父亲写过一本关于盖瑞的书，名为《人类的游戏》，1990年卡斯帕罗夫与卡尔波夫之战的那几年里，我们和他经常在一起。在卡斯帕罗夫输掉一场重要比赛后的一段时间里，他感到郁闷和脆弱。我父亲问盖瑞在下场比赛中他如何处理自己现在这种缺乏自信的状态。盖瑞回答到他会尽力当作自己很自信地去下棋。他会装作自信，也希望这样能激发自己的好状态。卡斯帕罗夫在棋盘上是个统治者。在国际象棋圈里，没有不惧怕他的人，卡斯帕罗夫在以此来保持自己的好状态。如果盖瑞在下棋时发怒，他的对手会立刻气势全无。所以如果盖瑞感觉糟糕，但却采取进攻策略，并且看起来信心满满，那么他的对手就变得犹豫不决。盖瑞一步一步地从自己的棋局中，从有创意的布局，从他的对手产生的恐惧中将自信慢慢变得真实，他又变得从容自如了。如果你回想一下《激发最佳状态》一章，并把它应用于我以上的描写中，你会发现盖瑞不是在假装自信。他也不是在矫揉造作。他是在一边下棋一边激发自己的最佳状态。

如你所看到的，有很多方法可以用来应对自己的情绪。有一些方法比其他的方法要好得多，最后你的细微的决定也会取决于你的个性。也就是说，我强烈建议你们将《激发最佳状态》一章中提到的原则融会到你自己的过程中。一旦你在压力下能够不被情绪所控制并且能善用之，你将会发现某些心理阶段可能会对你产生比其他人更大的激励作用。对于一些人来说，它可能是幸福；对于其他人来说，它可能是恐惧。人人都会不同。彼得罗辛是个做事灵活的人。米勒、埃尔南德斯和罗宾逊在处理自己的愤怒情绪时做得很好。卡斯帕罗夫和乔丹是会对他人产生胁迫感的人：他们通过让对手产生畏惧感来激励自己。只要你理解了自己在这个范围里的位置，下一步便是通过自己的努力来创造能够激发自己斗志的环境。卡斯帕罗夫通过装作自信来做到的。他在棋盘上创造合适的条件和一个能够充分发挥自己优势的对抗性态势。米勒和斯派特·李谈话，直到自己被他激怒。当斯派克不在赛场时，雷吉仍然喜欢扮演反面角色。事实上，他在决赛赛场上面对体育场不友善的球迷时，正是处于自己的最佳状态。如果球迷们没有恶意，他也会刺激他们开始讨厌他。雷吉是以恶棍的角色在球场上称雄的，无论在何时需要推动力时，他都会创造这些条件。

但是你如何在身边没人可以为你提供推动力时发挥最佳状态呢？没有普遍适用的统一规则。然而，我们可以通过下面的这个过程来找到属于自己的那种独特的方法。首先，我们要培养自己的"软区域"，我们要能够适应自己的情绪，观察它们，研究它们，了解如何让它们自然地宣泄，学习如何利用它们来激发我们的创造力。然后我们就将弱势转化成优势，直到我们不再否认自己内心情绪的爆发，勇气将提升我们的比赛状态，恐惧会使我们产生警觉，愤怒将让我们更加专注。然后，我们要找到哪一种情感状态可以激发最佳竞技状态。这真的是个因人而异的问题。我们中的一些人在热情洋溢的时候会非常具有创造性，另一人可能会在郁闷的时候表现奇佳。人人都会不同。要内省。发现什么状态最适合你，像卡斯帕罗夫一样，制造能够引发你最佳状态的因素，这样你就能随心所欲利用它来激发自己的潜能。

第十九章

学习之道

我看到过行行色色的学习者和表演者。有的野心勃勃，有的谨小慎微，有些人喜欢问问题，有些人则更倾向于得到答案。有的人自信满满，喜欢寻求刺激，而有的人一想到要接触新事物就紧张到冒汗。我们中的大多数人处于难以绝对区分的中间地带，有镇定自若的时候，也有摇摆不定的时候。据我的经验，最优秀的艺术家和运动员都很善于调整自己的心态，发挥自身的优势，同时控制竞争中的局势，使其符合自己的特点。在本书中，我传达的是终生学习的观点，希望读者能接受这些观点并能为己所用，使它们符合自己天生的性格。我发现在诸如比赛、学习和演出这样的复杂的活动中，基本上每个有意义的问题的解决方法都不止一种。我们都是独一无二的个体，要把自己的才能运用到所做的每件事情上。

问题是怎样做到这一点呢？我想说，我们都在某些方面非常擅长，并且能在压力下工作。但是怎样变得比别人优秀？怎样迈出从技术性上的娴熟到独特的创造力的这一步呢？**只有当我们的工作超越熟练阶段而成为自身的一种表达的时候，学习才成为一门真正的艺术。**

当我回顾自己充满竞争的太极生涯的曲曲折折的时候，总是以中国台湾为现实参照物的。那个地方能真实地衡量出我的成长。美国推手项目的技术水平，包括锦标赛在内都是无法与中国台湾相比的，在中国台湾，推手是一项民众运动。平庸之才能靠自己修炼而成，但坦率地说，许多美国选手在技术水平上，多少有些自欺欺人。中国台湾的顶级选手从孩提时代开始就每天训练数小时，还经常参加激烈的比赛。两年一度的中华杯举行前的暑假，精英学校会有训练营。在那里，选手们紧张地备战，每天训练六到八小时，适应酷热的环境，磨炼技术。对这些选手来说，奖金是诱人的。一踏进赛场，他们都成了加满油的机器。前来参加比赛的外国选手如同进了狮子的洞穴。先在中国台湾取胜，再来谈论其他。

2000年，我第一次到中国台湾。当时我刚刚获得自己第一个全国锦标赛冠军，根本不知道自己将要面对的是什么。《激发最佳状态》这章中我曾描述过当时比赛的安排让我颇感意外和不悦。我被告知第一场比赛将在清早举行，但比赛那天我却等了好几个小时。我越来越饿却没有任何东西可以吃。好不容易等到中午的午餐时间，我狼吞虎咽地吃了满满一大碟，刚吃完就被通知上场比赛。我被打败了，而战胜我的人获得了锦标赛冠军。当我想要在心理上适应发生的一切并在这种情况下寻找机会抗衡的时候，事实告诉我这起不了决定性的作用。我的对手比我强太多了。即使我当时做足准备，他仍能取胜。当时的我，需要学习的还有很多。

之后的两年里，我认真地训练。这点我在第二部分的前几章里详细地进行了描述，但是我所做的准备不仅限于此。中国武术往往十分诡秘，太极是其中谜一般的不可思议的一种。如果你读过太极经典，研究过哲学基础理论，实践过冥想，你就能获得这种意识，变得更加柔韧，还有可能以极快的速度爆发出极大的力量。但是只有当你不断地在赛场上锻炼自己，不断地把现实和虚幻分离开来以后，你才能把这些原理法则转化为具体的一招一式。不幸的是，很多老师自己没有这样做过，但为了保护自己和学校的利益，他们自称拥有巨大的力量——比如，能在没有接触的情况下，把一个人扔出去——但他们从不表演给任何人看。通常，著名的武术家都避免展现自己的力量，他们的解释是："如果你和我比，我有可能置你于死地。"每当我听到这样的论调，我就知道我面前是个冒充内行的骗子——因为真正的大师懂得控制。另一方面，有些非常有攻击力的技巧是能发挥的，而且最重要的秘密仅限于极少的人知道。这就牵涉到人们心中一直存在的疑问：究竟什么是真正可能的，什么又仅仅是场骗局呢？

在我去中国台湾之前，我不知道应该期待什么。可以肯定的是，那些顶尖高手们所拥有的技巧是我做梦都不曾想到过的。他们都是了不起的选手，在推崇精湛武术的文化熏陶下长大，就像前苏联盛产伟大棋手一样。第一次在中国台湾参加锦标赛让我有机会观看了数小时的世界上最难对付的推手选手的比赛录像。有关中国台湾顶级选手的录像带成了对我来说至关重要的信息来源。

第一次到中国台湾参赛后，我发现最伟大的武术家并不是神秘主义者，而是极度专注的艺术家，他们的技艺已经修炼到了炉火纯青的地步。他们控制失衡的能力有时简直让人叹为观止。没有受过训练的人可能什么都看不到，但是优秀的选手能运用难以置信的招数，身体难以察觉的倾斜，对手就已被打倒在地。从2000到2002年，我仔细地研究了这些录像带，慢慢地我的功夫也有了长进。这些年以来，很多时候我都是和我的好朋友汤姆·阿特里斯一起训练的。他是陈威廉的高年级弟子，是我所知道的美国最厉害的武术家。汤姆是个雕塑家，终日制造陶土模型，所以有了双熊一样结实的臂膀和手掌，再加上35年的太极训练，难怪他的拳头让人难以招架。当我们刚开始一起训练的时候，他简直能把我碾碎似的，我感觉自己就像个网球撞上了一堵坚实的墙。更糟的是，汤姆就像是个寻热导弹，要挡开他的拳头可不是件容易的事。我不得不使自己的平衡功夫变得更为精细，能够立稳，来承受住汤姆的攻击。和汤姆训练得久了，我渐渐有了站在场上面对任何对手的信心。

当我于2002年11月再次参加中华杯的时候，我觉得自己已经准备好了。到目前为止，我已经连续三年获得了美国全国比赛的冠军。除此以外，我还定期地参加混合级别的比赛，获得了重量级和超重量级的冠军。我的武术功底大为长进，而且我知道我将要面对的是什么。2002年中华杯上我的第一个对手是一位奥地利选手，他刚于几个月前获得了欧洲锦标赛的冠军。我在前面的章节里描述过比赛刚开始的时候，他是怎样用上钩拳把我困住。他是个卑鄙的选手，指望着攻击对手的头部来赢得比赛。不巧的是，这几年来我大部分的训练都是针对他这类招数的。我打倒了他，将他淘汰出局。

我的下一个对手是一个中国台湾武术学校的优秀学员。他非常灵活，迅速，但有个坏毛病，喜欢在受压的时候抬起后腿。就像我在《破解心理战术》那章中提到过的，重心过度后移的问题就是当你再次不可避免地前移的时候，就有了破绽因而容易受到攻击。在过去的两年中，我在投掷上下了很多工夫，我能把他逼到场地的边缘，让他不得不斜靠在我身上，然后利用他的动力将他掀翻在地。他重量的分布暴露了他的弱点，我完全控制住了他，轻松地赢得了比赛。

半决赛的时候，我的对手是中国台湾武术明星，名叫陈则成。他是两年前中华杯比赛中留给我印象最深的选手。在准备今年的比赛的时候，我研究得最仔细的就是有关于他打倒对手的录像。他体格高大，强壮有力，充满运动细胞。当观众还没反应过来的时候，他就以极快的速度和娴熟的技艺把对手打倒在地。他是中国台湾著名推手教练的儿子。他父亲称得上是世界上最好的教练。所以除了强健的体魄，他从幼年开始就接受最好的指导。

开赛铃一响，我就进入了状态。我们的手腕碰到了一起，他立刻展开攻击，企图把我摔倒在地，但我阻止了他的进攻。但他继续施压，用手攻击，在格斗中占据了有利的位置。我感到危险无处不在。我试图把他从我身边推开，但他从未停止过进攻。他的力量是由内而外的，感觉是放松的却又十分强烈，随时有爆发的可能。他不停地向我发动进攻，但并没有得分。第一轮刚过一半的时候，我抓住了他进攻中的一次失衡，爆发出巨大的推力，将他推出很远，好像要飞出赛场，但他落地的时候双脚仍在场内，脚跟悬在线外。接着他做了一系列复杂的动作：头几乎贴到地面的时候，突然一扭腰保持住平衡，停在了界内。真不愧是个优秀的选手！我再次发起攻击，当我冲到他面前的时候，他已经直起了身站稳了脚跟。这才是战争。

和陈在场内比赛的时候，我感觉他好像就附在我的皮肤上，吸走我的能量。我不停地把他像噩梦一样地甩开。我让他失衡，避开他暴风骤雨般的攻击，但他的状态出奇地好，总能卷土再来。在离第一轮结束还有30秒的时候，我开始感到筋疲力尽。我终于明白这不过是陈的策略罢了——他向对手施压，不停地惹恼他们。他在寻找机会，不断煽动对手把自己推开以消耗对手的体力。他出拳，被推开，又卷土重来。我察觉到了这点，决定在用臂钳住他的时候稍作停留，让他看他能怎样。结果我还没来得及眨眼就被掀到了地上。

他这一摔弄得我晕头转向。明明自己刚刚还站着，一下就倒了，我甚至不知道是被什么袭击了。我站起来，摆了摆头，迎了上去。剩下的时间已经不多了，我变得过于心急，再次被他摔倒在地。第二轮的情况基本上与第一轮如出一辙。他向我施压，我想法避开，寻找下手机会，但大部分时间，他就像个武术巨人。第二轮刚开始一分钟，他给了我个突然袭击，接下来我所知道的就是我的脸摔在了一堆垫子上。他竟如此神速！之后，他推延时间，企图保持领先地位。我被他牵制住了，孤注一掷地疯狂地进攻。铃响了，比赛结束了。我们彼此拥抱。他的确更胜一筹，赢得光彩。我的脖子和肩膀因为疼痛而颤抖着。我快要垮了。但我还要参加争夺第三名的比赛。尽管我的上肢很难正常运动，我还是成功地赢得了比赛。我获得了铜奖，我又有了两年自我反省的时间，直到下一次机会来临。我再次闭关训练。

在2002年世界锦标赛以后我成了代表团的成员。我的运动生涯达到了新的水平。我近距离地亲身感受到世界级水平是怎样的，而且觉得自己也有能力达到。我学习的下一个阶段主要包括设计和锤炼自己所独有的具有竞争力的全面技能。一回到纽约的家中，我就开始了训练。

世锦赛后刚开始的几个月主要进行的是心理方面的训练。一方面，我得让自己的身体恢复，我肩膀的情况十分糟糕，经过一段时间才能承受猛压。所以我研究录像，分解陈则成和其他顶级中国台湾选手的全套技术动作。在花了数小时一张一张地看过胶片以后，我了解到了无穷的有关于步法的灵活移动和身体姿态，这让我真正看清楚自己所面对的对手。原来第三名和第一名之间的差距竟是如此之大，以至于我觉得自己不得不一步一步变成另外一种运动员。

到一月中旬的时候，我能在垫上做一些温和的训练了，这些训练不会加剧伤痛而且有利于保持身体的柔韧性。我有了一些技术方面的新的想法，融入了一些慢动作。到三月份的时候，我不用再担心我的肩膀了，我可以全速完成一整套动作，但我更多的是在构思那些曾在《划小圈》、《让时间慢下来》和《破解心理战术》等章节里谈到过的想法。我仍然在"研究和发展"阶段。

我已经谈到了风格，个人品位和忠于自己天生的秉性。这一主题对学习的每个阶段都至关重要。如果你考虑的是我在本书中提到的高层次的学习方法，它们都发源于深处的，都是在原本很小的信息源基础上的创造性发挥。在开头的几章里，我描述过对于一个国际象棋手来说，通过研究简化的位置关系为自己打下坚实基础是多么的重要，然后我们把已经内化的原则运用到越来越复杂的情景中。在《划小圈》中我们以一个简单的技术或想法为例，不断地实践直到感觉到它的精华所在。然后我们慢慢地精简这些，同时保持它们的力量，直到我们有了极其强大的能力和基本上无形的武库。在《让时间慢下来》这章里，我们再次着重讨论的是选择一组技艺，内化它们，直到大脑感知到无穷的细节。以这种方式训练以后，我们能在同样的时间段里看到更多的画面，这样一来，时间仿佛也慢了下来。在《破解心理战术》中，我们把有关对手的细节都放大到清晰可辨的程度，用这种方法，我们修炼出最后两招控制住了对手。

这种学习方法的美妙之处就在于我们一旦感受到技术磨炼的博大精深，无论技巧多么细微，我们都能把这种感受当作指路灯塔，照亮我们继续前进的道路。只要你知道什么叫做好，你就有了目标并不断地追寻。广而言之，这就是我对于自己追求武术的理解。小一点来说，我就是以这样的方法训练，为2004年国际锦标赛做准备的。

通过洞察微观来掌握宏观既是发展过程中的一个重要观点，也是一个伟大运动员重要的功底。所有竞争项目的高水平比赛中，每个参赛者都是出类拔萃的。在这种情况下，决定性的因素不是谁知道得更多，而是谁能控制场上局面。所以，冠军几乎毫无例外地都是这样的一些人，他们知道自己独有的优势，从而形成了自己特有的风格，而且比别人更善于把比赛引向有利于自己的方向。

考虑到这些，备战2004年世锦赛的时候，我的训练主要围绕建立自己的核心优势展开。诚然，我认为自己是个不错的运动员，但坦白地说，中国台湾有许多选手天生的身体条件比我要好。有的比我强壮，有的比我速度更快，有的比我耐力更强，但没有人比我更懂得战略。要赢得中华杯，我必须"用水去浇火"，如果任由比赛成为速度和技术的考验的话，我肯定赢不了。我必须看穿对手，用他们想象不到的战略对付他们。要争取取胜的机会，我必须控制比赛的节奏，让陈则成跟我下一局国际象棋。

正如我在第二部分里说的那样，备战锦标赛的时候，我的训练搭档是我的好朋友丹·卡菲尔德。丹是一个让人惊讶的天生的运动员，他一辈子都跟武术打交道。从幼年起，他生命的大部分时间都花在挖掘自己的体能潜力上。他在新罕布什尔的农村长大，他教会自己怎样从越来越高的地方跳下来，直到他能轻松地从30英尺的房顶一跃而下，落地时打个滚，站起来跑开。只要他心情好，如果你指着一辆车让他跳的话，他都能跳过去。如果你注视着陡峭的悬崖或者砖墙，他就能想出爬上去的办法。如果你和他去远足，他会像山羊一样在大石头之间跳来跳去。加上他有15年合气道和太极的训练经历，你为自己找到了一个需要认真对付的对手。

幸运的是，丹的体格在某种程度上和陈则成接近，他有陈的身体条件，而且从风格上说，他们都是攻击型选手。他们两个都技术出众，喜欢冒险，相信自己的竞技能力能让自己变被动为主动。这正是我所要下工夫的地方。要想在中国台湾获胜，我必须利用陈的优势来打败他。

2004年中国台湾锦标赛前的两年，我和丹一起训练。有些夜里，我们一起钻研技术，训练投掷功夫，其中一个人被当成被摔的人，不停地被摔到地上，反复一百多次以后再交换角色。

其他的时候，我们练习步法，把当对手赢得主动，试图把你摔到地上或扔出赛场时候的动作细致地分解。令人惊讶的是，当你不停旋转把汗水都甩到十尺以外的墙上的时候，如果你知道怎样保持冷静，处理混乱局面，你就能保持站立的姿势并保持平衡。每次丹和我都能分出个胜负。日复一日，我们进行着残酷的训练，花大量的时间在训练场上，摆出自卫或是攻击的架势，猛撞，压制对方的攻击，找出破绽，将对手打倒在地，再次起身，像公羊一样相互碰撞。

丹和我相互鼓励着，共同进步。我们都非常地努力，以致于如果我们其中某个人停止学习，就有可能被对方打伤。到赛前准备的最后四个月，我突然想出了自己锦标赛的主要策略——也就是国际象棋手们所称的预防性方法。你看，我相信丹就像陈一样，做运动员的天生条件比我要好。就算我进行了大量的训练，他还是可以让我反应迟钝。所以和丹的训练中，我使用了压制其天赋的策略。在中国台湾我可以采用卡尔波夫和彼得罗欣的风格，这两位象棋大师引发了我象棋生涯的存在性的危机。

在中国台湾训练的最后几个月中，我不再试图把丹击出赛场，而是试图压制住他，阻碍他的策略，壮大自己的优势。我创造了一种方法，压制对手，抑制他的进攻，一点点地把对手逼出赛场同时断了他的后路。如果对手吸气，我会利用他呼气的片刻进攻。这种策略依靠的是对对手目的性的高度敏感。每一个武术对抗中的招数都有风险。尝试摔倒对方的时候，你也会让自己的架势变弱，哪怕只是一瞬间的事情。我就会利用这一瞬间。每当丹试图摔倒我的时候，我开始我的攻击，占据有利位置，在粉碎他进攻的同时把压力向下传递。

一个星期又一个星期，我越来越擅长于此道。我在创造战胜陈则成的策略。丹也变得越来越会攻击我。有时候，我能占上风，压制住他的攻击，当他变得拼命的时候突然将其掀翻在地。有时候，他显得十分强硬，能打倒我。我记得有一个晚上，他就像只美洲虎，完全控制住了我，像是受到了动物本能的驱使。那晚我是跛着回家的，觉得丢了面子。但是第二天晚上，我又找到了感觉，把丹打得落花流水。

中国台湾参赛前的最后三个月，我录下了所有丹和我的训练。每天晚上回家以后，我研究这些训练录像。看见录像中的自己，能找出问题，发现坏习惯。你可以通过分解起作用的和不起作用的招数来改进自己的技术。但是这些录像带对我却有着不同的作用。

丹和我都已经到达了很高的水平，我们的训练得分越来越少。我们知道对方的策略，知道接下来的攻击将是什么样的，也都知道怎样不用冒过多的风险也能探查对手。丹已经知道怎样通过攻击我的右肩来抵制我的进攻，我通常都会利用他进攻的空当把他击出赛场。如果你把我们的体格和心理方面的能力放在一起比较的话，我和丹已经成了势均力敌的对手。我们都是高水平选手，极少犯错。我们俩处于动态平衡中。唯一得分的时候就是我们突发奇想的时候，某个人的表现超过了他本来的水平。我研究录象的时候会关注这些不寻常的时刻。

有个晚上有两到三次，我和丹在狂风中训练的时候，我突然把他打倒在地。同样，他也把我这样打倒在地好几次。我们水平实在相当。我想不出对付他的技巧，他也时时保持警惕。有时出于本能，我找到一些方法，但这些方法并未被大脑采用。

当我回到家里看录像的时候，我研究每一个动作来看到底发生了什么。有时我看见自己借丹眨眼的工夫，向他发起攻击。其他时候，我能在丹毫无意识的情况下能从新的角度猛扑过去。可能我的步法正好和上了他的节奏，让我能顺势发起攻击，或者我会在他呼气的瞬间抓住他。这样的时刻有很多，我一个一个地研究直到弄明白为止。第二天训练的时候我会告诉丹自己的发现。然后我们把一时的灵感性的创造变成技术上的进步。如果我的身体节奏与他的呼吸同步，我们就把动作分解来做。如果我在他眨眼的时候攻击他，我们就一起研究不同的眨眼之间的细微差别。下一次，我们比赛的时候，丹就会注意我的新武器并会想出招数反击。而我也会相应地回击他。这样一来，我们每天的水平都在不断提高，我们的创造性的爆发面也越来越广。

象棋大师们能下快棋，而技艺处于下风的棋手们研究很长时间都弄不明白：大师们已经把深奥的原理内化了，令人惊讶的决定只是出于直觉。事后有关技术的思考似乎能给那些还称不上大师的人非常大的鼓舞和启发。

想到创造性，它总是有着某种基础的。我们有自己的知识基础。如果我们使用它的时候不再需要前思后想，这些知识就已经深深地扎根于我们的头脑。接着我们能向前再次飞跃，用我们所知的一切继续向前一两步。我们发现新事物。很多人就此止步不前，希望能受到激励再次拥有非凡的眼力。在我看来，这就是失去的机会。想象你如果正在建造知识的金字塔。每个平面都由技术信息和解释这些信息的原理组成，它们浓缩成块状。你一旦内化了足够多的信息来搭建金字塔的一层，你就能继续下一层。假如你现在正在十或十一层，然后你突然有了创造性的爆发，就像我和丹在拳击场上一样。在那一刻，你仿佛看见了原本飘浮在你的金字塔顶的天空中的事物。你的发现和你所知道的一切是有关系的——否则你发现不了——而且如果你愿意尝试的话，你能发现其中的关联。下一步就是找出你的创造中的技术成分。找出究竟是什么带来了"奇迹"。

这一过程对我和丹来说也起着作用。我用身体把他击倒的方式是超出我们两人的概念范围的，所以我们都不知道发生了什么。我回家研究录像的时候，我看见，比如说，从那一刻我发动进攻的确切位置来看，丹当时身体的重心正从右脚向左移。我并不是有意识地这样做的——只是出于直觉。但是现在我们知道了，当对手以那种方式转移重心的时候很容易受到攻击。

对我来说，下一步就是创造出技巧让对手不得不转移重心。而丹会有意识地躲开这样的陷阱。当重心通过左脚传到地面的那极短的时间里，我和丹都处理得越来越好。我们创造了有关转瞬即逝的灵感的理论。现在已经有了技术和原理让这个武器任何时候都能发挥作用。我们把建造的金字塔往上升了一层，而且为新的飞跃打下了坚实的基础。

七到八周以后，我和丹都内化了非常紧密的一套武术技巧。这都是我们最有灵感时刻的收获。它成了我们夺取锦标赛的杀手锏。我们创造的技巧是全新的，极具个性的，完全符合个人优势。大多数是心理方面的，有关于摸清对手的想法，跟上他的节奏，用细微的技巧控制他的意图。

当我们赴台的时候，已是胸有成竹。

第二十章

登上学习巅峰

2004年中华杯太极拳国际锦标赛

12月2日~5日，中国台北

天空中暗云涌动，骤雨急促划过，不久就慢慢销声匿迹。对于风暴，我总是怀有喜爱之情的；当下，这些疾风骤雨又使得我整个人都兴奋起来。那是一个星期四的晚上，距离战斗开始还有40个小时，我站在象山山峰上俯视下面的一座古老的道观，整座台北城在山脚下延伸开去。道观的薰香被风吹送上来，在林立的高楼间盘旋回转。这是两年前，在一次半决赛失利之后的第二天，我开始准备又一次的世界锦标赛。过去三个月的训练近乎残忍，夜以继日的折磨逼得我毫无退路，晚上拖着疲惫的身躯回家倒头就睡，准备第二天的训练环节。现在我在这里站着，深呼一口气，将自己沉浸在湿润的风中，雨中。西边的天空一片青紫色的红——它终于来了。我感觉精力充沛，蓄势待发。

* * *

中华杯有两种太极推手。一种是定步，另一种是活步。它们加在一起，便组成这场吸引了来自世界上50多个国家成千上万武术家的国际竞技盛会。盛况空前，竞技者目的各不相同，有人看准了一种推手，有人则看准了另外一种。而我的梦想——实际上也是我的野心——就是两种推手同时夺冠。

活步推手是快速而有爆发性的，活动范围仅限于一个直径为18英尺的圆圈，目的就是要将对手推倒在地，或者推出圈外。活步推手的内在技巧是很微妙的，它需要有规则的动作呈现，对技术的精巧把握以及快速应变策略；而其外在，则主要表现为一种最佳竞技者对运动的野性崇拜。活步推手可以说是最高水平的身心格斗。

中国台湾式的定步在很多方面来讲都是更有限制性的，这对太极竞技者来讲是一个最纯正的测试，因为在其中完全不可能规避这种艺术的内部准则。定步中也不可能依靠对于运动的狂热来掩饰技术上的弱点，它本身就如俳句一样精致。在爆发性比赛当中，会有两位训练有素的武术家近距离地进行监测。受伤的可能性比较大，原因就在于可能发生的暴力冲撞和不期而遇的联合操纵。比赛很紧张，产生的力量十分集中，因此一个未经训练的观众很有可能什么都还没有看清楚，竞技者已然从八九英尺远的地方一跃而至，到了另外一个竞技者的背后。

星期四晚上，我从风声不断的象山山顶回来后的4个小时，突然发现此次锦标赛的组委会已经修改了比赛规则。前些年在中国台湾，定步是在被垫高的底座上进行的，竞技者右腿在前，左腿后退大约3英尺，以便可以形成动态而有力的姿势。但是在今年的比赛中，组办方在没有任何通知来告知外国参赛队伍的情况下擅自撤掉了底座，这个模式上的小小改变，足以使当地的参赛队伍拥有关键性的优势，因为他们在过去的一年中一直是按照这个新的模式来训练的。待会我会回来重述这个令人惊讶的事情——不过首先还是来看一看定步竞技。

竞技双方的右脚从脚趾到脚后跟是在一条直线上，中间大约有一英尺的距离。两者之间的距离很近，相对的右手手腕交叉碰触，左手则侧放于左臀部，活像古代西方的枪战能手。这个姿势一摆好，精神世界的竞技便开始了。双方静立，并保持一种平衡的姿势，争取哪怕丝毫的优势进行爆发性的攻击。这一刻是以目光压制对方取胜。

然后裁判便说可以开始进攻了。谁的脚先移动了，谁就失掉一分，若被推倒在地，失掉两分。如果有人率先失掉十分，本局结束。乍一看上去，好像是力量和速度会起到关键性的作用。但如果你深入到比赛竞技之中就会发现，很明显重要的还是在于一些技巧。如果你恰逢克星，每个人都有被对手推倒在地的可能，并且这样的动作或者动作的组合来得如此之快，就像是猜拳游戏——是剪刀，锤子，还是布？

这还仅仅是个开始，由此展开的会是无限巨大的潜在的东西，近乎无穷的假象，来自不同角度的迅捷攻击，鬼胎各怀的心理策略。曾几何时，经历了数年创造性的训练和以退为进，以及一次又一次在那架底座上的失败与成功，这项竞赛开始变慢了。于是你可以看到攻击速度变得迟缓了，眼神的变换中闪烁的尽是辩驳的诡计。竞赛中高手过招往往进行的都是看不见的东西，这有点像象棋，运动的最高层面，你就像是进驻了对方的头脑之中，指挥着他下一步要做些什么。

定步推手的起点都是一样的，双方队员的开场姿势雷同，竞技者可以提前发起进攻，当裁判宣布竞技开始之后便可以使用进攻防守多种技巧的组合了——同样，象棋高手也会在开场的时候就已经布下迷局。从四年前我第一次到中国台湾的时候，我就已经逐步分解了定步推手的比赛，并根据一致公认的开场姿势自创了一套理论，那时的开场姿势还是双脚站立在一只底座上，自然配合手的姿势。组委会在此次锦标赛之前几个月已经发送给我们确切的底座方位。那个时候我已经将竞技进攻的技巧方式内化到了自己的身体当中，对于比赛我感到轻松自在，所以我会经常闭上双眼进行训练，随时等待一触即发的进攻。我感觉到我的身体可以摆脱掉一切进攻，并且可以发起本能的反击。但这一切，都是站在那两块小小的底座上进行训练的。

但是现在，比赛开始前一天，被告知：没有底座，并且后方的那只手应当起始于对手的肘部而非臀部。这在整个比赛的结构上是一个大的调整，就好像是象棋比赛中，一位大师级棋手在经过5个月的严酷训练开场技巧之后，恰在比赛即将开始之际，发现过去训练的所有技巧此刻已不允许再用，而缘由，竟是一个神秘的规则改变。

一瞬间一切都已经改变了，我们剩下的，就只有个把小时来重新制定我们的整套技巧。在一方面来讲，这着实令人恼怒；但在另外一方面讲，这又是可以预见的。太极是中华艺术的象征，在某种层面上，这项运动代表了他们的体育及哲学精华。顶尖的中国台湾竞技者从小就开始接受每天数小时的训练，他们如果赢得这次锦标赛，就是英雄。他们带回家的，不仅仅是客观的经济奖赏，还有进入大学的全额奖学金，一天之内就可能成就其事业。外国人是受欢迎的，但没有人希望他们会赢。中国台湾的主办者设置障碍来阻止这种可能的发生，这是一个荣誉的问题。

星期四凌晨一点，我和马科斯·陈两个人开始仔细研究这套新规则与原来规则的细微差别。马科斯是我老师的儿子，也是我非常要好的朋友。他参加过三次美国国家散打锦标赛，并且是一位颇有成就的太极推手。马科斯知道这种国际性比赛的前沿趋势，我们做了大概的一个计划，之后我躺在床上把它过了一遍，时间就到了大约凌晨三点钟。

星期五的早上依然是大雨滂沱，台风刚刚退出海岸线。在巴哈马群岛时，我在小船上经历过了多次台风，而这种出现在天空的不祥之兆却把我带到了一种高效率的状态，我头脑中充满了各式各样的主意和想法。我们本打算周五的时候休息整顿，但面对此时的新规则已经不可能了。我们一组十个人聚在新庄体育场一个巨大的看台样式的建筑下面，此次锦标赛就在那里举行。经历了过去数年的风风雨雨，我们已经是一个大家庭，一个团结奉献的整体了。我们对团队的工作有着无比的信心，但我们也认识到目前所处的情势确实有些荒谬。我们浸泡在台风的呼啸之中，商量着怎样在没有底座的情形下仍旧可以生存下来。马科斯一早上都在倾盆大雨中慢跑，试图在赛前称重前可以减掉4磅。狂风怒号，即使是在看台底下，雨水仍旧可以横着扫向我们。

丹和我在飞机上一起工作，重新设定我们的新策略。在我们的队友做一些轻量级拳击练习的时候，我们花了两个小时重新创造出我们的定步推手理论。关键是要根据正在发生变化的情势和昨天我们回来后才被告知的新准则勾画出一套新的战术。遇到了这样令人惊奇的情况，如果你基础牢固，那么一切安好。一旦准则吃透了，那么相应的战术也会随之而来。我感觉到很自信。光纸上谈兵不行，战略战术往往在实际应用中才会发挥作用，这一点我在下象棋的时候就已经明白了。处理比赛当中的一些肮脏勾当，其本身也是比赛的一个部分。

第一天

星期六早上。我们到达了体育场，然后7：30开始赛前称重，大家都很饿，但直到称重结束后才吃了点东西。一切都准备就绪后，开场铃声就要响起，没有比那更令人感觉到现实的冰冷残酷的了。

在称重台，当我看到陈则成和他的队伍的时候，情形变得更加糟糕，他们是世界上一直主导的队伍。陈两年前击败了我，而此次比赛我也是为了打败他而来。我走上前去打招呼，陈告诉我说他将会在75公斤级进行比赛，一个在我之下的重量级别。我当时吃惊极了。我花了两年的时间，就是梦想着可以击败这个强悍的对手，怎样来对付他那种错综复杂的"猫式"打法；在我这里，赢得此次锦标赛也就意味着打败陈则成。他指向了另外一个和我分到一个重量级别的家伙，我看了一下，深吸了一口气。他们叫那个人"水牛"，他看上去力大无穷。在中国台湾，他号称坚不可摧，而且从小开始，他就被按照世界冠军的标准来进行训练。他比我稍微矮一点但是比我要结实，的确是一个令人发怵的家伙。

称重过后，我和我的队伍去检查活步的圈子。我上前感受了一下推手所用的垫子，挪动了一点，警铃立刻就响起来了——那个警铃看起来太小了。组委会数月之前发给我们的资料中写明了比赛规则和警铃的大小：一个直径六米的圆圈。我们严格按照这一标准做好了训练使用的垫子，不管是定步还是活步。我已经将圆圈的尺寸内化到了头脑当中，甚至可以确切地知晓何时我的脚后跟会距离圆圈的边界还剩1/4英寸。活步中如果你踏出边界就要失掉一分，而在比赛进行过程当中，你是没有时间去看脚下的边界的，所以圈子的尺寸着实重要。我们经过测量发现圈子的直径比组委会发给我们的标准尺寸短了近15英寸。比赛还没有开始，我们就已经发现了这第二个肮脏的勾当。但是我们不得不去进行调整，尽管可能一如既往地不会奏效。

我们在雨中赶回旅馆，大吃了一顿，之后在上午10点钟回到体育场准备比赛。定步和活步将同时进行，活步中使用两个圆圈，定步使用三个。重量级别的划分以5公斤为一个等级，男女分开比赛。来自世界各地超过4000名竞技者齐聚运动场，另外场内还坐满了无数的观众和粉丝，他们用不同的语言唱着悦耳动听的圣歌。我虽然听不懂，但是觉得那些歌曲很美妙，很轻快，具有催眠的功效。竞技场的另外一端，像芭蕾舞似的太极拳比赛已经开始，残酷的竞争和冷静的冥想共同飘荡在整个赛场。

我的第一战是活步。规则简单陈述如下：比赛以互相接触开始，类似于摔跤或者柔道式的格斗比赛，所以击打性的攻击原则上是不被鼓励的。目标区域限制在腰与颈之间，不得高于颈。你不能将手固定于对方后背，也不能抓起对方的衣服，否则会更容易受到攻击。将对方推出圈外一次得一分，对方摔倒在地而你在原地未动得两分；将对方推倒在地而同时倒在对方身体之上得一分。比赛分为三局，每局时间两分钟，如果对手在一局中领先四分则此局结束，三局两胜。如果比赛结束得分持平则体重较轻者获胜，这种情况很少发生，但是如果我和"水牛"比赛过程中无损伤而坚持到了最后一局，我或许还有胜利的可能。

活步的第一个竞争对手身体强壮，速度很快，富有挑衅性。他的速度叫我惊讶，是一个很优秀的运动员。所有来自中国台湾顶级学校的参赛选手都有一种方法可以把心理负担转移给对手，并且通过施加细微的压力和对平衡的拿捏耗尽对手的能量。他们推搡技巧高超，也就意味着他们知道如何使用前伸的手臂钉牢对方向内用力。可以想象对手左脚前趋，左臂绕过我的后背或者肩部深深地夹住我的腋窝，这是一种下勾的动作，推搡就是为了占有这个姿势。靠里的那条胳膊为推倒对方准备好了杠杆之力和更好的角度。如果有人使用了"双重内向位置"，就意味着他在对手身体两侧都使用了下勾动作。在所有的格斗艺术中，这是非常危险的一种动作。如果你听到武术艺术家们谈论"推搡之战"的时候，他们并不是真的指两个选手在比赛过程中痛殴对方，而是说他们在使用下勾技巧。

现在的情形是推搡成了这次锦标赛中我所采用战略的很大一部分。你或许会想起来在2002年世界锦标赛的半决赛中和陈则成对决我伤到了右肩。自从那个时候开始，右肩就成了我的致命伤。在这次2004年世界锦标赛之前的三个月，丹想到了一个有趣的训练方法。只要我在格斗中用到了右侧下勾，他就会以一种几乎可以摧毁我这只肩膀的方式从外侧向我的肘部施加压力。经过了数星期的痛苦折磨，我决定放弃推搡之战，而采取双重外侧位置的打法，来避免给右肩造成更大的伤害。虽然一开始的时候我总是感觉对丹实施下勾于自己不利，可是一段时间过后，我感觉越来越舒服了。我甚至可以采取一些微妙的技巧来压制他的平衡，并且我发现自己可以很好地控制和利用角度。

在我最后十周的准备训练过程当中，除非是与丹在一起训练，与其他任何一个人训练我都感觉到自己在外围是占主导地位。我原来的弱点幻化了我在中国台湾取胜的一个关键性武器。你可以看到，中国台湾选手在推搡技巧上是闪电般地快，在锦标赛一开始的时候我就决定不去硬碰硬——不配合他们来打比赛。给他们机会让他们施展他们最擅长的快速推搡，我减轻了他们推搡之战的大部分训练。然后我们就会在我所精通的方式上进行竞技，而对此他们还并没有太深入的学习。这在象棋比赛的高级阶段也会经常发生：顶级高手在一开场就会发现潜在的资源，那些地方理论上被认为是相对薄弱之处。然后他们便成了被遗忘或者未被发现的战场上的主宰者，引导着他们的对手进到自己的埋伏圈。

因此我的第一个对手尽管咄咄逼人，但却带不来任何危险。他的推搡技巧很巧妙，而且对我发起进攻的时候也显得信心十足，但是一旦当我从外围将其封锁住，他的技巧就不灵验啦！就像是一座建在了漏洞百出的地基上一座华丽的房屋。我想如果我经受住了他一开始的攻击的话，我就会没事了。我阻止了他使用下勾的企图并且几次将他推出圈外，这样第一局我就领先他两分了。

现在再来看看"水牛"。喔！起初他将对手推出圈外，接下来他以闪电般的速度将对手的胳膊压制在自己左腋窝下，抓住那人的后背，顺势将其提起，他以个人之力推搡着对手，看起来难逢敌手。有一次他将对方推倒后眼看自己也将要倒下，但他做了一个全劈腿动作，用脚趾和脚后跟支撑住了自己，重新站立起来，得到了两分。这就是我的对手，我必须找到他的弱点所在，但却看不出来。

我的下一站是定步推手。除了裁判之外，没什么大问题。我得了许多分，但计分者漏掉了好多次，这真的让人哭笑不得。可以想象一下，裁判判我得分而计分员却不计，好像是自己忘记了或者没有注意到。这种情况一次又一次地发生。我的队友和我父亲对此大声抗议却无济于事，换来的只有组织者冲他们点头，面带平静的微笑。除了记高分和让我失去理智以外，他们什么都不做。面对这么多人，裁判不会真正伤害到我，但是在最后一局中，我们比分几乎持平，此时就会出现误判的可能，但是我尽量不去想它。

每当我休息下来的时候，我都要看一看"水牛"。他得分简直轻而易举，除了精湛的技巧之外，他还比对手强壮有力。他能以一个爆发式的进攻将大部分的对手推出圈外。但我紧盯着看，似乎看到了他的弱点。他行步迷离，速度又快，站得很稳脚下生根，但是他的整套技巧结构似乎是在玩花样。

在接下来的定步竞技中我遇到了来自台南学校当中的顶级高手，也是陈则成队伍的主要对手。他们是一支凶猛的竞争队伍，如战士般强壮，迅捷，训练有素，极富挑战性。所有的迹象都具有战争色彩，但是我们一交手我就知道，我肯定可以拿下他了。从一开始的接触你就可以探寻出一个武术家的底细。武术大家如山一般浑厚，你会感觉到似乎地球都在其中运动，其他人则相对浅薄很多。一开始他领先我几分，后来我开始混用各种技巧，此时他便不能站稳，我可以将其推倒在地。我以大比分赢得前两局并且没有受伤。结束以后，我又一次开始观看"水牛"在定步竞技中的表现，他正以绝对优势对战一位相对较差的对手，但我感觉他的站立根基上有点小问题。他身体天赋极佳，这让他可以将竞争对手左右推搡，但是他似乎是以迅捷掩盖某些地方。我不确定为什么这样，但他在定步中是致命的，而在活步中是势不可挡的。

第一天结束了，我没有受伤。此次是一次历时较长的锦标赛，一次马拉松。几乎所有的武术比赛都只举行一天，因为参赛选手在比赛之后大都身体消耗极大。在8到10个小时之内你完全可以完成一些事情，但是伤势会在夜里恶化，导致你第二天起床以后不能走动甚至连胳膊都抬不起来。这次的锦标赛历时两天，你必须在周六的比赛中无大碍，才有可能在星期天的比赛中夺冠。

聆听窗外细雨，我开始上床睡觉，那一夜，我梦到了"水牛"。

第二天

星期天早上，八点。我们按时到达了体育场，却惊奇地发现另一个令人不愉快的消息。组委会的人给外国选手单独创造出来一个独立的锦标赛，并要在总决赛之前进行。我被告知说参加这个锦标赛是强制性的。我询问这个锦标赛是否可以在总决赛之后进行，得知那是根本不可能的。这个荒唐的赛中赛很明显是要消耗那些仍旧可以和中国台湾选手竞争冠军杯的外国人的体力，要他们受伤。经过一段耗时的抗议，接下来便是争论时巨大的语言障碍，但最终由我的老师解决了这个问题。幸运的是，我的老师说话还是有一定分量的。因此最后双方商定，我们这些仍旧处在主竞赛位置的队伍可以等到最终比赛结束后再来参加这个外国人锦标赛。

如果要赢得比赛，我还需要有两场要进行。一个是活步的半决赛，对阵来自台南学校强悍的顶级选手。活步是他的强项，他一上来就对我发起攻击，双肘绷紧连续出击，快速而持久，将心理压力转移到我这里来。他发起攻击很早，我差点滑出圈外但踩住了边界。我发现自己的本能在那一刻消失了——我认为我擅长跳跃，但是我错了。在原来家中的那块垫子上，我是会有本能反应的。很糟糕的活步，0∶1落后。我们又回到了垫子上，我故意让他把我推倒了圈子的边界以次引诱他，然后突然翻转过来将他压到了距离边界线只有几英寸的距离,但是他脚下生根，没有出界。然后我便换了一种方式继续施以进攻式的压制，并且用上了我三个月前自己发明出来的水蟒技巧——一寸一寸把他逼出圈外，一旦发现他想移动出我的控制，我便加紧束缚，并且在他呼气的时候施加压力。在最后关头，我一个漂亮的推手将他制服，但是在着地的时候我的肩部也受到了重创。

在两局中间的空当，我躺在了地上，重重地喘息着。这应该可以产生明显的心理作用。在过去几个月的准备过程当中，我们做了很多的间歇性练习，在圈子内进行极速训练然后进行恢复。我们会进行一分钟训练然后是一分钟的休息，有时会进行15或者20次那样的训练。我们四个一起训练，在训练与休息之间进行转换。我的目的是想可以累积起来极速的力量，即使将我自己精力耗尽，死神降临，也要在下一局的比赛当中重归赛场。

有趣的是比赛之前数月，组织者通知我们的是在两局之间会有30秒的休息时间，可是来到中国台湾之后我们发现这个间隔变成了一分钟。我和队员之间过去一直以这样一分钟的间隔作为我们主要的训练方式，从来没有过度延长，也是为了浓缩恢复时间。现在我们在这里了，间歇时间变成了一分钟，这次他们的变化可真的是撞到了我们枪口上。我明白如果我必须那样做的话，我可以一直等到花掉最后一秒钟的时间，躺在地上深呼吸，我便可以在60秒钟之后安然无恙地回到赛场。两局之间我看起来像是一个死人，但却是安然无恙的。

第二局。铃声一响起他便开始了进攻。我把他拦住，使用下勾动作，将他定住，并开始左右摇摆他的身体，他也随之挪动着身体，第三次我终于抓住了他，并将他旋转推出圈外，摔倒在地板上。这些人都是些技师，我真的知道该如何对付他们了。首先给他们机会做他们最熟悉的进攻套路，这样我便可以自己开创一个新的战场。他们正希望如此，当然不会拒绝，但马上就会发现进入了一个没怎么准备过的情势。而做到这些凭的竟然是我受过伤的肩膀，真令人难以置信。

我以2：0领先，他看起来似乎很困惑，然后这种困惑转变成了绝望，他开始向我发起冲锋，集中所有力量做最后一击，疯狂地扭转着，失去了控制。我顺势借力，以脚支地，用他那股冲力将他扔出圈外摔到地板上。这样我赢了这一局，也赢了比赛。

我看到"水牛"又打败了另外一个对手。现在只剩他和我争夺活步的冠军了。我仍旧看不出他比赛当中的弱点所在，但是我已经有了计划。距离我定步半决赛开始还有45分钟，时间已经不多了。我的肩疼得厉害，右臂已经不能伸举。我受了重伤，眼睛黑黑的，额头上绑着一块布，浑身疼痛。尤其是肩部令我担忧。丹和我是队里到现在为止仅剩的没有被淘汰的队员，我们趴在垫子上，其他队友给我们的双腿、肩和胳膊按摩。我戴上帽子，坐在一个角落当中，希望自己的身体可以再挺过三场比赛，那时，便一切海阔天空了。

他们开始叫我上去参加定步半决赛，走到圈子当中已经花了我很大的力气。我的对手是一名在整个锦标赛进程中我一直关注的人——大约四十来岁，胸肌发达，从容冷静，强悍有力，有种日本武士的感觉。他几乎比所有的参赛选手年龄都大。我看到他击败年轻活力四射的对手，很显然他技艺超群。我所不知的是他是一位世界范围内最受欢迎的老师之一。当时体育场内好多他的学生，我听到了有人在唱圣歌，但我知道那不是为我而唱。

第一局。我们的手腕贴在一起，在得到一分之前他就已经用那种很少人会用的内向姿势牵制住了我。裁判说"开始！"，我迅速发起攻击，但是扑了个空，并且失掉一分，以0：1落后。这个家伙真有两下子，如果武术中有魔术的话，那他一定是会魔术的人。紧接着我试图将他弹出界外，但他两脚有力，站立很稳，我几乎不能攻击到他。我试着从边路攻击，得到一分。他推倒我一次，又将我拉入了黑洞，我1：4落后。定步推手当中我一向是所向无敌的，但这个人深刻领会了太极中我尚未发现的奥妙。

定步比赛中有30秒的停留时间（每得一分之后计时表会被停止）。这段时间足够进行15至20次快速交锋的，但是并不足以分出胜负。我重重的一击实际上已经将他推得后退，按理应该我得一分，但是裁判却过来说那一分无效，因为对方起步姿势不合规则。多么奇怪的逻辑啊！之后我又得一分他们却宣布要重来，我听到我的队员和粉丝们疯狂的叫喊声。

我两次历经这样的锦标赛，每一次都对裁判如此精明的撒谎才能感到震惊。这次他们故伎重施。一般来讲，他们是这样运作的：欢迎外国队员的仪式很是冠冕堂皇，但实际上他们并不希望我们能赢。他们试图驾驭结果的方式是在比赛刚一开始就制造一些耸人听闻的口号，以此增加当地参赛者的士气。通常情况下，如果一名外国选手感觉到了比赛实际上是被操纵的，那么他就会很容易变得绝望进而有些超乎寻常地具有挑衅性，这样他便不能和面对的对手进行公平竞争，而是变得过度紧张，从而比分一再下降，最后失掉比赛。而这个时候，一旦中国台湾选手掌握了整个比赛，裁决就突然变得异常公平。

我知道这所有的伎俩。而关键是要保持赢得比分，一旦遇到了不公平的判决要能够立刻回到比赛中来。不要在那里喋喋不休！如果我控制了比赛的进程，那么裁判想作弊也就难了。这就是我的计划。说实话，在比赛中我对我的对手是友爱的。整个体育场除了我们美国队那十个人之外，所有人都是不支持我的。中国台湾的人们非常希望自己的人可以赢得比赛，对这一点我没有丝毫责备的态度。

我以3分落后对方，需要抢回来。他又赢得一分，我必须立刻停止滑动了，不然我没有办法赶超。两个月前我自创了一种推手，觉得在此次锦标赛中或许会有决定性的作用，我们叫那种方法"熊抱"。我会允许对手以强势直接攻击我的胸部，然后我的两只手臂迅速在后面将他环住，顺势将对方推倒在地，而我同时也会和他一起落下，当然我也可以左右摇摆。当实际运用的时候，这对你来说会有一定的影响，因为你会感觉是扑向了不踏实的空虚之地，而且你的手腕难以自控，除了倒地你也别无选择。就这样，我让他攻击我，熊抱，把他推倒在地板上——我赢了两分。

他现在是以5：3领先，而且他也是第一次见识到了"熊抱"。我再一次使用熊抱，又把他推倒在地，这样比分变成了5：4。裁判过来了，企图扰乱我的思维，他告诉我要注意起始姿势中左手的位置——这只不过是一种心理干扰而已。我冲那裁判笑了笑，然后继续进行比赛。又一次使用熊抱，这是公平的。而现在我的这位对手在垫子上稍稍后退，然后以一种不同的姿势进行攻击，我想他开始理解什么是"熊抱"了。他改变了左臂的姿势，在我进行熊抱时对我的右侧实施攻击，他确实得到了答案，不过我又另换新招。

这种定步的比赛就是一场精神的旅程。起初它会让你感觉快而起伏不定，就如一场艰难的猜拳游戏，但是之后你就会发现在你头脑当中比赛开始慢了下来。经过这么多年的训练和比赛，我在这种场合下变得越来越放松，我的身体在应付来自外界的攻击时也会毫不吃力，这样的比赛已经完全变成了精神层面上的了。似乎我总是可以比对手更多地看到或者感受到中间的过程，所以我可以分辨哪怕最细微的细节，比如一个眨眼或者一次呼气的开始。当我和对手的手腕接触到的时候，我一般都会知晓他下面要怎么样出招，而我也早已经学会了如何运用最细微的压力来引导他的意图。但是面前的这位对手却把他的现实世界强加给了我，我进入不了他的思想，或者每次我进入了，他就会把我踢出来。

我再一次使用了熊抱，但他接了过去，他已经弄明白这是怎么回事了。我的队友花了两个月的时间都没有能够学会怎样躲避熊抱，这个家伙竟然在短短数秒之内就解决了。我现在是5∶7落后，而这一局所剩的时间已经不多了。我做了一个强势攻击的假动作，然后滑过去用了一次右侧下勾，将他推了出去。我还落后1分。只剩1秒钟了，我必须尽快得分，这样我使用了四种攻击的联合，在铃声响起的时候得了一分，第一局正好以平局结束。

第二局通常是以左脚前趋开场。由于某些原因，看起来对方在换了腿之后姿势并不是那么牢固。我便开始进行深层次的攻击，施以假象迷惑，使用紧密的动作组合和误导。我注意到只要是我在头脑中开始酝酿假动作，甚至还没有实施，他便已经知道了，然后就可以做出反应。这个人对于你的企图异常敏感，所以我开始用不可见的攻击试图使他失去平衡。我有了这样的想法，但是在实际动作中并不表现出来。我又进入了他的思想，他发觉了，变得十分有攻击性，拼命开始反击，想把我甩开。不过这次我只管让他攻击，因为我知道此时我根基已经十分牢固。我开始接受他的攻击，然后将他弹出——就这样赢得几分。但是紧接着我犯了一个错误，直接向他发起攻击，他将我扔在了地板上，得了两分。如果我在比赛中有丝毫疏忽，就会彻底被他打败。他滑向圈子里面开始猛烈攻击，在距离本局结束还差3秒的时候，我们的比分还是平的。我用四种刺戳的组合将他举起，实际上大多数的组合并没有展示出来，铃声响起的时候我赢得了一分。我听到了雷鸣般的掌声，我赢得了这一局。

第三局，又一次右腿前趋，这是对手所喜欢的姿势，不过也是我惯用的方式。我们像是在进行分数交易，你来我往，近乎一场战争。我的队伍在欢唱着老虎，老虎。（布鲁斯在那段下象棋的日子里习惯叫我老虎，现在还在这么叫）。其余的人在用汉语唱圣歌，他们爱他，这我一点也不责怪他们。然后我发现了一处漏洞。他已经找到了对付熊抱的方法，引诱我右肘前趋这样我便不能在他外围包抄——不过一旦我有使用熊抱的念头，他就会打开腋窝部位使用内向连续攻击的技巧来粉碎我的进攻。我开始使用下勾，并将他身体左右扭转。每一次我使用隐性假动作被他发觉的时候，我就会利用他的反应。这是个魔幻般的主意。我在利用他超群的领悟能力对付他！最终，我抓住了一个右下勾的机会，将他绕着我的身体扭转起来，把他推了出去。他重重地摔在了地板上。那一刻，我甚至感到了一丝悲伤——就像是我杀死了最后一只独角兽。比赛结束了，我们互相拥抱，我告诉他他是个奇迹。

* * *

最后所要面对的，是定步和活步的总决赛，两场都是对阵"水牛"。在过去的两天内，我们一直都在互相观察着对方。我们都知道这场声势浩大的国际性比赛最后会归结于我们两个之间的一次小小战争。在活步方面，他天生力大无穷。他以迅捷勇猛和绝招层出击败了所有的对手。他的连续攻击更是令人难以置信。丹和我分解了他的进攻技巧发现，他可以将非常精确的牵绊和横扫技巧紧密结合并运用到推手动作当中。我只有去尽量中和他的脚下功夫和力量，不要被压倒出圈，然后再进行回击，寻找破绽。这就是我的计划了。

在所有的决赛开始之前，有一个小时的休息时间。首先是定步的决赛，这其实很好——因为我已经看出了"水牛"在进攻结构上的弱点，并且希望可以在活步开始之前进入他的思想。我已经准备好要开始战斗了。

定步总决赛

"水牛"走进了定步圈，在离我很近的地方停下了，充满杀气的双眼死神般地盯着我。露天看台上开始有人唱歌，然后整个体育场沸腾起来，我知道那些都是他们的人。我们的手腕开始接触，他充满了挑衅。这正合我意，我一定要利用这一点，就让他那样去做。一开始他猛烈进攻将我架空得到一分，然后他又从右侧攻击，我让他进攻，然后用手环住了他的肘部深深沉了下去，一个熊抱，他一下倒地，我得两分。每一次交手我们都是右腿前趋，手腕外侧相碰，等待裁判宣布比赛开始。这样静立相对的时刻其实包含这很复杂的心理斗争，你可以使对手平静下来，也可以挑战他的自我，使他变得有攻击性。我一次又一次用细微的开场方式引诱他向前，他就像是一头看到了红色的斗牛，猛烈而迅速地开始进攻，而每次在他就要接触到的时候，我早已经离开那个位置了。我赢得了两分，裁判判决说无效，我听到了人们对此的抱怨声，但那时我已经不在乎这些了。我几乎成了圈子里的一个疯子，我知道可以赢的唯一方式就是要以大比分获胜。熊抱正是"水牛"的克星，他不断地被我推倒在地，看起来十分困惑。这第一局我旗开得胜。

第二局我感觉到了自己势不可当。我不再去理会什么裁判或者比分，我连续赢得一分又一分，我听到丹和我的队友在唱着老虎，布麻野，老虎，布麻野。我控制了他的思想，持续进攻。我父亲说这是他最喜欢的比赛，是一次美妙而惊心动魄的经历。对我来讲，这是有技术含量的：我在踏进这个圈子之前就已经赢了。之后我的队伍向我涌过来，马科斯把我抛向了天空。体育场内除了我的音乐的响声和我周围的兄弟们，一片寂静。我赢得了世界冠军。

接下来让我们看看，我是否可以再次夺冠。

活步总决赛

"水牛"吼叫着进了圈子，近乎疯狂，双拳紧握。在定步中我就已经感受到了他的士气，确实不错，但是活步会是他的长处所在。他一直就是按照成为世界冠军的标准来进行训练的，对于他的打法，我没有解决办法，只有想法。不可否认他是一个不错的运动员，但我可能更是一个很好的思想者。铃声响了，他上前便进行攻击，使用连续的下勾动作。一开始数秒我采用的是内向姿势，但是我感觉到他实在是太强大了，因此我决定顺势而来——没有必要去硬碰硬。他左臂向我的右腋窝深处连续攻击，环住了我的肩，我的右脚前趋，右臂锁住了他左小臂。此时他占有有利的平衡点可以将我扔出圈外，不过我也有自己的利器。当感觉时间正好的时候，我突然向左扭转，接着我们便一起摔了下去。我本来是打算将他推倒的，但是在他身体落地之前，我的左肘先着地了，他赢得一分，1∶0。我的衬衫被撕破了，我并不在乎这种看起来像洞穴人类的感觉，但是主办方要求我进行更换。

我失掉了第一分，却感觉自己潜力巨大。比赛又开始了，我们手腕相接触，我首先撤离了自己的手腕直接向他发起攻击，试图跳过去抓他后背，但是他实在很灵敏，将我包住了。我们被分开了，我在他周围跳跃，试图快速进攻将其缠住，但却一直没有找到机会。我们在试探彼此。然后他开始猛烈地扭转进攻，我顺势而为，随着那股力旋转，以脚支地，但是当我倒地的时候，他在我上面，用力地推着，我已经站不住了，他仍旧保持着进攻的势头，毫不留情，最后我被推出圈外，现在是0∶2落后。第一局还剩下大约一分钟，我试过了很多招数，但都无法看出他的破绽。他十分自信，很强壮；我想我应该利用他这点，除此之外别无他法。我任他扭转，将身体斜倚在他身体之上，让他可以感觉到我的重量和呼气。他开始将我推向圈子边缘，我就让他把我推向那儿。他很小心，小碎步，一点也不过分扩展。我的背靠近了边缘，我将左脚放在离线一英寸的地方，一个爆发性的动作，狠狠地攻向他的右臂，大叫着，把我所有的力量都凝聚在了这样一击上。他终于控制不住，我把他带到了圈外，自己也重重摔在了他身上。比分变成了2∶1，这一局还剩下11秒。我还需要得一分才可以打成平手。丹大叫着，我的所有队友都在唱着老虎，老虎，布麻野，速度越来越快。现在我要变得疯狂，我要那一分，就让这成为现实吧。

裁判宣布："开始！"我便像一辆火车一般冲向他，他避开了一点，然后站稳脚跟，和我相持，来等待结束的铃声。我扭动着身体，我们开始互相扭转起来，我的后背贴近了边界线，然后换成他的背贴近边界线，然后又变成我的，一片混乱。我用力拉起他，大叫着翻转过来，这次他接近了边界线，但是他使用了下勾动作，站立很稳，接下来，我只能说我从来没有像这次的进攻这样巧妙，而我也赢得了一生中最有戏剧性的一分。在还剩一秒钟的时候我将他推出了圈外，他倒在地上，我则倒在了他身上，我的肩靠在他的肩上，头部正在他头部之上。铃声响了，人群沸腾了，2∶2打平！

我有60秒的休息时间，已经近乎一个死人。利用那段时间我躺在地上大口地喘着气。在视频上，"水牛"看起来身体强壮，但是精神有些低迷。马科斯按摩着我的肩，我开始减慢呼吸，认为自己在铃声响起的时候应该没事。希望如此，虽然不是那么确信。

第二局。他像一只狂怒的野兽走进了比赛场地，看台的观众开始唱起了圣歌。我记得我站起来慢慢走向场地中心，希望自己可以顺利走到那里而不会摔倒。他立即发起了攻击，我感觉到有一股力量穿透了我的身体到了地面上。那种感觉就象是电流，我觉醒了，将他弹开，准备翻转他的身体。我已经感觉不到疼痛了。他冲了过来，横扫我的右脚企图将我扭转在地，但是我感觉到了他要这样做，于是便空出左脚前趋，以来平衡他的进攻，同时抓住了他的胳膊。于是我们又开始扭打起来，我对他使用了左下勾，朝他的手臂压制下去。他要探查破绽，我则抓住他等待，倾听；现在比赛的幅度变小了，所有的事情都慢了下来。他把身体的力量转移到了前腿来攻击，我抓住了这一点，在他僵住的那一刻发起攻击，他的脚踩到了地板上，没有空间可以移动了，于是他终于倒下了，我压在了他上面，我的肩贴在了他身体左侧。1∶0领先。他爬起来又开始攻击，利用最后的时刻进行冲撞，但是我感知到了他要这样做，仍旧顺势而为，将他拉得更远，于是他重重地摔倒在地板上。2∶0领先。之后我又成功地完成了一次推手，仍然是抓住了他步法当中的这个弱点，时间恰好，在圈子内部打斗，我最后压在了他身上，我以3∶0领先了！

接下来，我犯了这次锦标赛当中最严重的错误。我彻底将他击败了，他向我冲过来，我将他引向边界，他的左脚距离边界只有几英寸远了。然后我本来应该后退或者慢慢前进，但是我却急于求成继续攻击，结果过度了，他把我推倒了，得到两分，比分变成了3∶2，他赢回来了两分。这是我的错误，可是时间所剩不多了，我在消耗时间，他也是。事情就在这一刻开始真的失去了控制。他猛烈地攻向我，我顺势借力几乎要将他推倒在地，但是他又自救了回来。我们在整个赛场上纠缠着，他攻击，我化解，反击，他自救。我听见马科斯大喊："乔希，还剩15秒了！"我用了很大的力气向他一推，他几乎没能阻挡住。他开始攻击，我避开了，但是此时我已经精疲力竭；感觉上似乎那15秒已经结束了。现在，两年之后，当我看那时的视频录像时，我发现马科斯正在向计时员挥舞着，那个女人站在那里手里拿着计时器。接下来发生的事情简直就是超现实的，许多人都是目击者。时钟指向了2∶00，那个计时员女士准备去响铃，但是一个组委会的人上前告诉她先不要响铃。时钟继续着，两分四秒，五秒，六秒，我们在赛场上厮拼着，完全是在故意伤害对方！我挺过了最后的15秒，已经变得没有一点力气了。在我3∶2领先的时候他们没有响铃，所有的人都在呼喊。我双脚已经不听使唤了，"水牛"像是拼上了他的命，用尽他所有的力气最后一次推倒了我，我把持不住了，他压在了我身上，赢了一分，此时铃响了，3∶3。

名义上前两局我们战成了平手。我躺在地上，让呼吸变得舒缓，我从来没有这么精疲力竭过。马科斯和丹按摩着我的胳膊和肩膀。铃声响了，开始第三局比赛。胜负就在此一局了，如果我们仍旧是平手，那就进行加赛。比赛到了这个节骨眼上，一切就只剩下了肉搏战，是事关生存的斗争。你所可以操纵的，已经是另外一种局势了，每一秒，你都要依靠平时所学，尽量使自己不摔倒。这一局一开始，我将他扭住，然后放弃了使用双重下勾，而是用了一种我一直在训练但是从来没有在比赛中运用过的技巧对他发起了攻击。我将他的右臂揽过来到我的左肘下面，向前猛推以激起他应有的反应，然后左转，扭转我的右肩和他被牵制的右臂，我用全身的重量将他拉开了站立的位置，他转了一个大圈后我们就都倒下了，我的肩压在了他的肋骨上。这是个很完美的动作，但是裁判却不判我得分。我已经没有那个精力去生气了，他们告诉我我们是同时碰到地板的。我想这样的答案，"水牛"的肋骨也是不会同意的。没有得分，可是我剩下的时间已经不多了，我们又互相试探了10秒钟的时间，他发起了进攻，强势地斜倚在我身上，将我摔倒在垫子上，多可爱的一个推手。我以0∶2落后。有麻烦了。我得挖得更深，找点什么有用的东西。

现在他改变了战术，决定将我拖延住，等到比赛结束。我苦苦寻找了一分多钟，完全是在消磨时间，录像上看起来我似乎是已经放弃了。我的身体变得柔软了，然后我突然发现了一个破绽，也使我爆发性地来了一次攻击，就像他们刚才对我进行的攻击一样，但是在最后我是勉强才将他推倒（附带我的脚踝旋转了90度），我的背拱起来，然后平躺在他身上，这样他们就无话可说了。我得一分，比分是2∶1。还得从什么地方再得一分。

给人的感觉就像是在看格斗游戏一样，当一个打斗者的耐力用光的时候，你必须拖延住你的对手，直到你恢复过来，可以给他一击。这就是我必须要做的事情，一定要拖延住他，直到我稍稍恢复了一些，然后用尽所有的能量做最后的攻击，而且还必须要时间刚刚好，否则我就是真的彻底溃败了。

然后，我觉得有了点门路。于是我开始扭转身体，将他的右臂套牢，做了一个向前的假动作，然后凭身体的力量将他推了出去。他摔倒了，我压在了他身上，肩膀贴在他的肋骨之上。应该可以得到一分，还有19秒的剩余。我所需要做的，就是要将他拖住，之后我便赢了，除非在这个时候，又有什么异常的情况发生。果不其然，这次裁判又判我不得分，他们说我的这个动作是犯规的。人们涌向了赛场，有美国和中国台湾的官方人员。我们的队伍带有录像机记录现场情况，很快就有很多双方的官方人员和运动员来观看视频。整座体育场变得狂暴起来，充满了怨愤和困惑。裁判们聚集到一起，中国台湾联盟的主席，我的老师陈大师，我的队伍，对方的队伍，所有的人都在观看着视频。15分钟的时间，充满了相互中伤，争吵，还有政治的运作。

有趣的是，对方的教练员和队员认为这次对我的裁决是一种侮辱——他们是事后才这样对我说的。无论从什么地方讲，我的那次攻击都是符合比赛规则的。当地的裁判在这样国际性比赛的最后关头为了使自己的队员得冠军采取这样的伎俩，真的是令人感到瞠目结舌。经过一段长时间的争论，裁判说这个争端要到赛后进行解决。但是现在，我仍然以一分落后，刚才的那一击不算，还剩19秒的时间。我不得不继续比赛，不然就会因为过失而被打败。在剩下的这19秒当中，我必然会全力以赴。我用尽我的所有对他发起攻击，整个情势变得混乱起来，我扭转着要将其推倒。实际上，他已经放弃了他的身体，他的肘部向后弯着；里面却爆发着能量，他始终没有放弃，以脚支地直到铃声响起。这个家伙！

然后，我就只是坐在那里看着那嘈杂无序的戏剧上演。那些在第二局看到过本来时间已经到了，但是裁判没有让计时员女士响铃的目击者也都过来了。体育场中心召开了一次会议，视频转播面向中国台湾太极联盟的主席，面向那些裁判们，面向所有的人。对手的教练，陈则成的父亲，一个可敬的人，同意主席的观点，认为刚才的做法是错误的。他们建议两人分享冠军称号。我上前走向首席裁判，要求只有一人可以是冠军。经过时间的考验，我认为我可以打败"水牛"。持反对意见的教练最后也同意进行一个两分钟的"绝命对决"来决定谁是世界冠军。这一次，我们请到的是国际裁判。他们去找"水牛"了，我在赛场徘徊了20分钟，耳根发热——如果赛场外有别的地方可待，那我一定会待在那里。但最后的结果是，我们发现"水牛"的肘部严重受伤。最后的裁决结果是二人分享活步的世界冠军头衔了。刹那间，一切都结束了。再也没有任何的竞技，武术的狂暴也平息下来，取而代之的，是伤痛，是成熟，是友情。"水牛"和我摇晃着一起走上了冠军领奖台，彼此拥抱着，将对方的手举了起来。

名校经典课

语文取胜　读写双赢

人大附中"金牌教师"于树泉 点拨之作
传授阅读、文言文、作文取胜之道

终身学习与认知升级经典系列

美国公认经典终身学习与认知升级经典系列

用学习连接一切，未来10年最有价值的认知升级与知识精进模式

《如何阅读：一个已被证实的低投入高回报的学习方法》

ISBN：978-7-5153-4684-7
作者：美国普林斯顿语言研究中心
　　　[美]艾比·马克斯·比尔
2017-5　定价：39.00元
上架建议：畅销书　成功励志　阅读法

- 风靡美国的"个人MBA计划"（Personal MBA）列为99本必读书单中的第一本
- "普林斯顿"阅读法，一个已被证实的低投入高回报的学习方法，高效学习并轻松记住所读重要信息
- 帮助你平均提高阅读速度34%，阅读理解能力提高5倍

在简单易学的练习与训练中，获得革命性阅读技巧！

在碎片化阅读时代，阅读的时间越来越少。本书介绍的普林斯顿阅读法，能帮助你提升阅读速度，20分钟提高阅读速度300%，从而实现在更短的时间阅读更多书籍、杂志、文章，同时它能帮助你提升阅读能力，理解并记住核心重要信息。这套阅读法已经介绍给所有常春藤联盟校的学生使用，平均提高阅读速度34%。

《学习之道：美国公认经典学习书》

ISBN：978-7-5153-4264-1
作者：[美]乔希·维茨金
2017-5　定价：39.00元
上架建议：畅销书　成功励志　学习方法

《罗辑思维》罗振宇、果壳网创始人姬十三推荐

这是在任何领域都能成功的学习方法，这是任何人都适用的终身深入学习法

教你"以最小的努力赢得最大的成就"

作者乔希·维茨金9岁起便8度荣获全美象棋冠军；纵横西方棋坛10年后，他改行研习太极拳，并连续21次荣获全美太极冠军及世界冠军，成为"太极拳王"。他说："我最擅长的既不是象棋也不是太极，我最擅长的是学习之道。"作者将惊心动魄的武术过招、紧迫盯人的对弈交锋与适用于所有人的人生真理相结合，以自己的经验，和读者分享如何面对失败，化错误为转机，如何将情绪转化为创意的能量。

《刻意练习：如何成为一个高手》

ISBN：978-7-5153-4665-6
作者：[美]道格·莱莫夫、
　　　艾丽卡·伍尔韦、凯蒂·叶兹
2017-5　定价：39.00元
上架建议：畅销书　成功励志　培训

刻意练习是一种简单到极易被人忽略，却又无比强大的成功模式！练习极简单，又极复杂，每个渴望进步的人，无论从事什么行业，无论是领导者还是员工，都希望掌握练习的方法，抓住练习的规律，以把事情做到极致。那些持续奋斗、成长和发展的人之所以成功，正是因为他们一直在不断地刻意练习。

改变全球9800万人的学习方式与成长轨迹，每30秒钟便有一人受益于它

《罗辑思维》罗振宇支招刻意练习是成为一个高手的必经之路，一语道破学习之道，一条成为高效能人士的捷径，让你与目标之间距离缩短到只有"坚持"而已

42个方法教会你"世上根本没有学不会这种事"

《如何思考：用"自由技艺"软技能，解决生活工作中的难题》

"自由技艺"教人们如何思考，进而如何解决复杂问题，培养批判性思维方式，养成独立有效的思考方式。通过学习自由技艺，可以成为统治者或者在各领域都能游刃有余的"通才"。你能快速掌握人文学科中"三艺"——语法、逻辑、修辞的现实效用，有效提高思考力与决断力，打造属于自己的思维模式。

ISBN：978-7-5153-5120-9
作者：[美] 迈克尔D.C.卓特
2017-5　定价：39.00元
上架建议：畅销书　成功励志

　　掌握人生最重要的三种能力：审辨式思维、交流能力和解决问题的能力

　　学习自由技艺可以改变你的大脑工作水平，成为熟练运用脑力的思维创新者

　　掌控自由技艺的思维模式与决断力，成为意见领袖，带动群体思考

《如何学习：用更短的时间达到更佳效果和更好成绩》

ISBN：978-7-5153-4908-4
作者：[美] 亚当·罗宾逊
2017-10　定价：49.00元
上架建议：成功励志　学习方法

本书是一本全新的学习方法书。美国著名学习问题专家，总结并分享数百位世界名校尖子生学习之道——"赛博学习法"。12个赛博学习问题与学习材料对话，贯穿学习到考试的动态全过程，非常实用、简练，让学习变得扎实、轻松、高效。这套可靠的学习体系让学习者实现自我驱动，积极面对学习中的问题，灵活准确地应对各种考试，获得学习的主动权。

　　获《中国教育报》"2017教师喜爱的100本书"奖

　　知名自媒体、100天行动发起人战隼推荐

　　赛博学习法"让中国学子受益，学习变得扎实、轻松、高效

《如何讨论：以最短时间达成最佳结果的50个讨论方法》

　　现代社会，讨论无处不在。公司或团队小组开会、课堂、线上线下活动、家庭决策……都需要每个成员参与讨论。

　　美国著名教育学家史蒂芬·布鲁克菲尔德，在几十年与高校、企业、军队、工会、非营利组织等合作的实践中，总结出了让讨论更有成效的50个实操方法，可应用于各类场合。这些打破传统讨论模式的方法，可以让你帮助小组成员聚焦关键问题，积极参与讨论，在最短的时间内处理最需要解决的棘手问题，或达成最佳结果与成效。

ISBN：978-7-5153-4728-8
作者：[美] 史蒂芬·D.布鲁克菲尔德
　　　　史蒂芬·普莱斯基尔
2017-7　定价：39.00元
上架建议：职业提升　交流技能

　　懂得如何讨论的人才能拥有更强的问题解决能力

　　这是写给每个终身学习者的讨论之道

《如何记忆：来自美国顶尖专家的学习技能书》

ISBN：978-7-5153-2953-6
作者：[美] 罗恩·弗莱
2018-3　定价：39.00元
上架建议：畅销书　成功励志

　　即学即用的终身记忆法，帮你记住你想记忆的一切

　　一切知识都源于记忆，记忆让知识更富价值

　　美国记忆学习权威专家告诉你：记忆力完全可以经过后天训练获得显著提升，只要按照科学的方法进行练习，人人都能成为记忆大师。这里有：最有趣的测试，帮你精准定位自己的"记忆起点"；最全面的方法，助你探求"过目不忘"的奥秘；最实用的场景，伴你解决工作、学习、生活中所有记忆难题。12种一学就会、拿来即用的高效记忆法，助你实现最强大脑！

精读三国演义20讲

读写与思辨能力提升之道　　王迪 著

小升初、中高考语文名著配套阅读

专为学生阅读量身打造

有阅读新见解，融学习知识点，含思辨读写题

名校名师阅读课
引人入胜的名著领读精读

⇨ 有趣：横读竖读，发现你未曾发现的关键细节

⇨ 有料：抽丝剥茧，提炼你可能忽视的写作养分

⇨ 有用：融会贯通，打通你需要的文学常识、历史典故